The Story of Kimchi

More than 3,000 years ago, in a country where rice is the staple food, people salted vegetables and ate them. As a result, people in Korea developed Kimchi, a creative composite food based on methods handed down with devotion from ancestors who mastered the natural fermentation process. Kimchi is crispy, spicy, sweet and sour food. It is very refreshing. Kimchi is best known by its distinctive taste mostly unfamiliar to westerners.

Long ago, Korean ancestors put an emphasis on the harmony between humans and nature. They carefully planned which vegetables to plant and where, and how to grow them.
They wisely utilized their limited space, planting radishes, Korean cabbage, mallow, lettuce, chili peppers, eggplant, green onions and garlic according to their colors. They planted cucumbers separately because they gave additional nutrition, and planted zucchini and eggplant near fences or walls so that they could climb.

When they harvested and cleaned the vegetables, they did not chop them off with iron knives thoughtlessly but treated them with care. The mixture of ground chili peppers, garlic, green onions and ginger are the basic seasonings. Salted fish or shellfish, fresh seafood, beef stock, and fruits are also added to create addtional flavors and nutrition.

The Korean cabbage, called Baechu, and radishes, called Mu, are brined. After washing, they are brushed with seasoning mixture. The radishes ferment more slowly than the cabbage, so they are layered first in the ceramic Kimchi pot. After that the cabbage is layered in tightly.

The cabbage and the radishes are secured with a rock heavy enough to prevent air from entering and altering the taste of Kimchi. The cabbage and the radishes ferment from one to three months at a temperature between 0 and 4 degrees Celsius(32 to 39 degrees Fahrenheit). The temperature, air and seasonings work at the cellular level of the ingredients and create nutritional benefits.

The unique and intense tastes developed by the diverse beneficial bacterial activity can not be mimicked by any other salted vegetables in the world. Moreover, Kimchi will not go bad, even if it is kept over a year. It only creates slightly different savory tastes.

The nutritional value of Kimchi is already well known. The vegetables provide a large amount of dietary fiber. The organic sea salt provides minerals such as Sodium, Potassium, and Magnesium essential to our health. The salted shell fish adds protein, Calcium and Iron that we can not get from the vegetables. Also the lactic acids produced during fermentation keep a person healthy. In addition, it promotes our immune system, cleans the intestines, controls our weight, prevents cancer and geriatric diseases.

Making Kimchi for the winter became an annual activity, beginning about 2,000 years ago. People prepared and kept it stored for the winter months. It became a tradition that women gather in their homes and help each other.; this made their relationship more friendly and stronger.
Nowadays, because of refrigeration and planting technology, there is no need to make large amounts of Kimchi.
Whenever people want, they can make a small amount and keep it fresh. Therefore the tradition of people gathering together to make and share large amounts of Kimchi is fading away. But from time to time, people with good hearts get together and make Kimchi for needy people.

Kimchi is not just a simple side dish, but it is a traditional Korean food excellent in nutrition. But there has been confusion when Japan produced "Gimuchi," similar to Kimchi, and commercialized it.

It gave the impression that the origin of Kimchi was Japanese. This is not true. Korean Kimchi and Japanese Gimuchi are different. Kimchi has its taste from fermentation and its nutrition. Cabbage grown in Korean soil and organic salts from the Korean sea adds a crispy texture to the Kimchi. It is made with the mixture of diverse seasonings (ground chili pepper, garlic, ginger, green onion, radish, etc) on the brined Korean cabbage. And it is fermented through lactic acids in low temperature to guarantee preservation and aging.

Now a days, Kimchi has a secure position. Even the Japanese prefer Korean Kimchi and acknowledge it as a superior food. They even visit Korea to buy Korean cabbage and chili peppers grown in Korean soil, and also salt extracted from the Korean sea to produce the original taste of Korean Kimchi.

Recently Kimchi made in China at a low cost is flooding world markets as well as Korea, but like Japanese Gimuchi, it cannot match the uniqueness of Korean Kimchi in its taste, nutrition, and preservation. The taste of Kimchi is not just the seasonings; it is the whole package-starting from cultivating the soil, growing and harvesting the vegetables, and handling the finished product.

Kimchi by itself is attractive, and the possibility that Kimchi can be used to make many other dishes adds to its popularity. Therefore it is rising as an international food.

There was a time when Kimchi was unknown; foreigners held their noses and shook their heads from the smell and taste of it.

That has changed. Kimchi was chosen as one of the world's top five healthiest foods. It has become popular for those people who are health conscious, as it fights obesity and geriatric diseases caused by animal fat. Now Kimchi has become an international food in addition to Bulgogi(Korean barbeque) and Bibimbab(mixed rice with assorted vegetables and meat).

In the future, Kimchi will continue to transform its image, improve people's health, and accommodate the world's palate.

From simply salted vegetables to the well known nutritious food, we need to review and learn the process of making Kimchi that our ancestors developed with all their wisdom and care. So Kimchi has become not only the tradition of Korea, but also a legacy to hand down to the next generations. It is our mission to preserve the quality of Kimchi so that many people will enjoy it and improve their health.

어린이를 위한

한국의 김치 이야기

어린이를 위한 한국의 김치 이야기

The Story of Kimchi

개정 1판 1쇄 | 2020년 4월 1일
개정 1판 5쇄 | 2021년 4월 20일

글 | 이영란
그림 | 강효숙

펴낸이 | 박현진
펴낸곳 | (주)풀과바람

주소 | 경기도 파주시 회동길 329(서패동, 파주출판도시)
전화 | 031) 955-9655~6
팩스 | 031) 955-9657

출판등록 | 2000년 4월 24일 제20-328호
홈페이지 | www.grassandwind.co.kr
이메일 | grassandwind@hanmail.net

편집 | 노정환
디자인 | 김성연
마케팅 | 이승민

값 12,000원
ISBN 978-89-8389-836-4 73380

※잘못 만들어진 책은 바꾸어 드립니다.

이 도서의 국립중앙도서관 출판예정도서목록(CIP)은 서지정보유통지원시스템 홈페이지(seoji.nl.go.kr)와
국가자료공동목록시스템(www.nl.go.kr/kolisnet)에서 이용하실 수 있습니다. (CIP제어번호 : CIP2020007913)

제품명 어린이를 위한 한국의 김치 이야기 | **제조자명** (주)풀과바람 | **제조국명** 대한민국
전화번호 031)955-9655~6 | **주소** 경기도 파주시 회동길 329
제조년월 2021년 4월 20일 | **사용 연령** 8세 이상
KC마크는 이 제품이 공통안전기준에 적합하였음을 의미합니다.

⚠ 주의

어린이가 책 모서리에
다치지 않게 주의하세요.

어린이를 위한

한국의 김치 이야기

이영란 글 · 강효숙 그림

풀과바람

김치 없이는 못 살아

아침부터 엄마는 분주합니다. 푸르고 햐얀 잎들이 단단히 끌어안은 배추를 쪼개어 보석같이 생긴 소금을 켜켜이 뿌려 둡니다. 세상에나 한두 포기도 아니고 열 포기, 스무 포기, 서른 포기······. 엄마는 백 포기 넘게 하는 집도 있다며 이 정도는 아무것도 아니라고 합니다.

엄마가 하는 걸 보니 나도 하고 싶어집니다. 옷소매를 야무지게 접으면서 "엄마, 나도 도울게." 하니 엄마는 "네가 하긴 뭘 해, 방해하지 말고 들어가." 합니다. 그러다 마음이 바뀌었는지 "그래, 어디 한 번 해 봐." 하며 배추를 반으로 쪼개서 소금 바가지와 함께 내 앞으로 밀어 놓습니다.

엄마의 설명이 없어도 무척 쉽습니다. 배추 잎 사이사이 소금을 뿌리는 건 일도 아닙니다. 어라, 소금에 절인 배추가 하나, 둘 쌓일 때마다 허리가 제법 아픕니다. 엄마는 허리가 아프지도 않은지 쭈그려 앉은 자세 그대로 한 번도 허리를 펴고 일어나는 법이 없습니다. 허리 아프다는 말도 하지 않습니다.

'내가 먼저 돕겠다고 나선 마당에 허리 아프다고 그만하

겠다고 할 수도 없고 큰일이네.'

드디어 배추를 절이는 일이 끝났습니다. 소금에 절어 쭈글쭈글해진 손을 털고 일어나려는데, 엄마는 이제 무와 갓, 파 같은 채소를 씻고 다듬어야 한다면서 이것저것 심부름을 시킵니다.

'아뿔싸, 괜히 나섰나 봐.'

그뿐만이 아닙니다. 마늘을 다듬고 씻어서 빻고, 깨끗이 씻은 무를 칼로 채를 썰고, 소금에 절어 숨 죽은 배추를 씻고 또 씻고. 파도 썰고 갓도 썰고 미나리도 썰고 또 썰고.

이번엔 어린이용 풀장 같은 큰 그릇에 온갖 채소를 쏟아붓더니 시뻘건 고춧가루를 붓고 또 들이붓습니다.

'와, 엄청 맵겠다.'

그리고 요상하고도 짠 내가 폴폴 나는 젓갈을 콸콸 들이붓습니다.

여기에 소금도 넣고 설탕도 넣고 간을 합니다.

'흐음, 엄청 짤지도 몰라.'

엄마가 배추를 들춰 색이 노란 속잎 하나를 뜯어내 빨간 양념을 집어 올리고는 돌돌 마는데,

'어, 왜 침이 고일까?'

어느덧 양념이 묻은 노란 배추 잎이 내 입속으로 쏙!

"우아, 맛있다."

이 묘한 맛을 뭐라고 해야 할까요?

짤 것 같으면서도 짜지 않고, 맵기만 할 것 같으면서도 달콤하게 느껴지는, 그러면서도 개운한 이 맛을 말이죠.

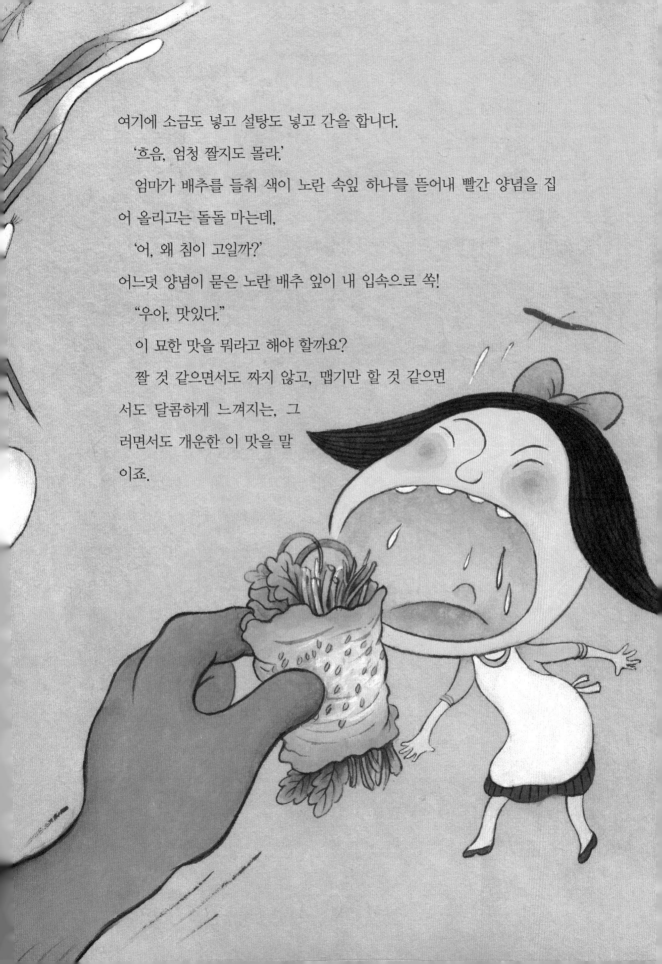

차례

1.김치는 언제부터 먹기 시작했을까?

　우리나라를 비롯한 아시아에서는 농사를 지어 그 곡식으로 밥을 지어 먹어요. 탄수화물을 주식으로 하는 음식 문화가 발달했지요. 몸속에 들어온 탄수화물이 잘 소화되려면 짠 음식을 먹어야 하는데, 옛사람들은 주변에서 구할 수 있는 채소를 소금에 절여 먹는 방식을 취했어요.

김치의 시작은 '절임'

아주 오랜 옛날 겨울이 되면 먹을거리를 구하기 힘들었어요. 특히 비타민과 미네랄이 풍부한 채소는 더더욱 구할 수가 없었지요. 그래서 소금을 이용하는 방법을 고안해 냈어요. 소금을 뿌려 두면 짠맛이 생기기는 하지만 상하지도 변하지도 않는다는 걸 알아냈거든요. 처음에는 말리는 방법을 이용했지만, 수분이 많은 채소류와 생선, 고기는 말리기가 쉽지 않았어요. 게다가 말린 채소는 맛도 없었지요.

소금을 이용하면 썩지도, 바싹 마르지도 않았어요. 소금에 들어 있는 나트륨은 우리 인체에 필요한 물질로 평상시에는 고기를 먹어 보충했지만, 겨울에는 사냥하기도 힘든 터라 소금에 절인 채소는 여러모로 쓸모가 있었어요.

김치의 조상은 '저'

우리 조상들뿐만 아니라 중국, 일본 사람들도 채소를 소금에 절여 먹었어요. 중국의 공자가 엮은 《시경》이라는 책에 '저(菹)'라는 글자가 나오는데, 이는 오이를 소금에 절인 음식으로 아

마도 김치의 조상쯤 되지 않을까 해요. 또 《여씨춘추》라는 중국 책에
공자가 콧등을 찌푸려 가면서 저를 먹었다고 쓰여 있는 것으로 보아
'저'는 짠맛이 나면서도 신맛이 나는 음식으로 여겨져요.

김치의 '익은 맛'

김치가 짠맛이 나면서도 신맛이 나는 것은
'발효' 과정을 거친 것으로, 흔히 '익었다'라고
해요. 이는 날것으로 먹지 않기 위해 불
로 익힌 것을 뜻하는 게 아니에요.
주변 온도와 공기 같은 자연환경과
양념이 재료에 작용하는 효능 그리고
몸에 이로운 각종 미생물이 어우러져 우리가
잘 알고 있는 '짜고 쓰고 달고 맵고 신' 맛
외에도 발효의 맛을 만들어 내는 것을 뜻
해요.

제6의 맛

중국에는 '저'가, 일본에는
'오싱코'가 있어요. 서양에는

'피클'이라는 절임 채소가 있지요. 이는 모두 김치의 일종이에요. 무와 배추를 소금에 절인 것으로 살짝 발효 과정을 거치지요. 하지만 그곳에 여행을 간 사람들은 우리의 김치와 비슷한 절임 채소가 있음에도 '아, 김치 먹고 싶다.'라며 김치를 그리워하지요.

그 이유는 김치에만 있는 독특한 맛 때문이에요. 어른들은 이를 '삭은 맛'이라고 해요. 젓갈의 동물성 재료에서 만들어지는 맛과 고춧가루에서 일어나는 화학 반응으로 생기는 맛이 더해져서 이루어지지요.

삭은 맛이 없으면 김치가 아냐!

삭은 맛은 김치가 시다 못해 맛과 색이 변하고 불쾌한 냄새가 나기 전에만 맛볼 수 있는 독창적인 맛이에요. 서양 사람들은 이 삭은 맛을 느끼는 영역이 전혀 발달되어 있지 않다고 해요. 서양에서 오랫동안 먹어

김치 먹고 싶다.

피클

오싱코

저

15

온 피클이나 독일·네덜란드·오스트리아에서 양배추로 담가 먹는 발효 채소 식품에는 삭은 맛이 없기 때문이죠.

또 매우 오래된 중국의 옛 책에 '저'가 최초의 김치로 기록되어 있는 것으로 보아 중국에서 처음 김치와 비슷한 것을 만들어 먹기 시작했고, 그것이 우리나라로 넘어와서 김치로 자리 잡았을 수도 있어요. 하지만 젓갈을 이용해 채소에 없는 단백질을 더하고, 충분히 숙성시켜 삭은 맛을 이끌어 낸 독창적인 식품은 우리 김치뿐이에요.

'저'와 '지'

우리나라의 옛 책에 '김치'라는 말이 처음 등장한 시기는 정확히 알 수 없어요. 단, 고려 시대에는 중국과 마찬가지로 '저'라는 말을 썼어요. 《고려사》라는 책에 '부추저·순무저·미나리저·죽순저'라고 하여 여러 가지 재료로 김치를 만들어 먹었음을 알 수 있지요.

혹시 부침을 뜻하는 '전'을 그렇게 쓴 것 아니냐고요? 《고려사》에는 중국의 《시경》에 쓰인 한자와 조금 생김이 다른 '菹(저)'를 썼는데, 뜻을 나타내는 부수인 물 수(氵; 水) 자를 보세요. 만일 기름을 쓰는 요리인 '전'이라면 기름을 뜨겁게 달구는 불 화(灬; 火) 자가 들어 있을 거예요. 기름에 튀기고 볶고 지지는 요리를 뜻하는 한자에는 모두 불 화 자가 부수로 쓰인답니다.

고려 시대의 문장가인 이규보는 《동국이상국집》에서 김치 담그는 일

을 '염지'라고 했어요. 오늘날 묵은 김치를 뜻하는 '묵은지', 무로 담근 김치를 뜻하는 '석박지' 같은 이름에서 알 수 있듯이 '지'도 김치를 뜻하는 말이에요. 히말라야의 오지에서 사는 타카리 족도 배추를 소금에 절인 것을 '지'라고 한대요.

'딤채'는 김치

조선 시대에 비로소 김치와 비슷한 이름이 나오기 시작해요. 조선 초기에 간행된 《벽온방》에 '무딤채'라는 말이 나와요. 《벽온방》은 전염병의 증상과 치료법을 설명한 책으로, 무딤채가 특정 증상에 대해 약으로 쓰였음을 알 수 있지요. 16세기 초에 쓰인 《훈몽자회》에도 '딤채'라는 말이 나와요. 1670년경에 정부인 안동 장씨가 쓴 《음식디미방》에는 '생치팀채법(꿩고기 김치), 나박팀채. 산갓침채'라는 말이 나오지요.

침채란 한자어로 '담근 채소'라는 뜻이에요. 순우리말로는 '딤채'라고 해요. 국어학자들은 '딤채'가 '짐채'로 변했다가 '김치'로 굳어진 것으로 보고 있어요.

2. 1,500년 전에 살던 사람들은 빨간 김치를 모른다?

김치가 빨갛네?

김치를 누가 처음 어떻게 만들어 먹기 시작했는지는 알 수 없지만, 김치는 오랜 세월에 걸쳐 다양한 재료가 더해져 영양 가득한 음식으로 진화했어요. 단순히 소금에 절여 먹었던 김치가 어떻게 오늘날의 매콤 하면서도 새콤한 김치가 됐는지 살펴보도록 해요.

발효 음식의 대가들

《삼국사기》라
는 옛 책을 보
면 고구려의 동
명 성왕(주몽)이 비류수 주변에 사는 사람들이 채소를 먹는다는 것을
알고 그곳에 가서 영토를 넓혔다고 해요. 농사를 잘 지어 쌀, 콩, 보리
같은 곡식을 많이 거두어도 밥만 먹고 살 수 없다는 것을 잘 알고 있었
던 것이지요. 또 고구려에 대해 쓴 중국의 옛 책에도 고구려 사람들은
술 빚기, 장 담그기, 젓 담그기를 잘한다고 나와요. 이로써 우리 조상들
이 음식을 발효시켜 먹는 방법을 잘 알고 있었음을 알 수 있어요.

우리 입맛을 일본에도

김치에 대해 자세히 설명한 우리나라의 옛 책은
많지 않지만, 이웃 나라에서 관련 자료를 찾아
볼 수 있어요. 일본의 역사책인 《고사기》에
백제 사람인 인번이 왜(일본)로 건너와 일
본인들이 지금도 즐겨 먹는 채소
절임 가운데 하나인
수수보리지를 전했
다고 해요. 또 인

번은 누룩으로 술을 만드는 법도 전했어요. 일본에서는 그를 '술을 거르는 이'라는 뜻의 '수수보리'라 부르며, 술의 신으로 모시고 있어요.

당시에는 백제인뿐만 아니라 신라인들도 일본으로 건너갔는데, 이때 김치의 일종인 장아찌를 담가 먹는 풍습이 전해졌다고 보고 있어요.

고춧가루도, 젓갈도 넣지 않고

삼국 시대는 고추를 모르던 때예요. 그래서 오늘날 고춧가루 양념으

로 채소를 버무리는 방식과 달리 채소를 소금에 절이거나, 소금과 술에 절이거나, 소금과 술지게미에 절이거나, 소금과 식초에 절이거나, 장에 절이거나, 소금과 술지게미에 쌀죽 등을 섞어서 절여 먹었어요. 젓갈이나 장아찌 같은 형태로 채소를 절여 먹은 것이죠.

당시에는 생선이나 조개 등으로 젓갈을 만들어 먹었는데, 젓갈은 젓갈대로 김치는 김치대로 따로 만들어 먹었어요. 술지게미는 술을 만들고 남은 찌꺼기로, 단맛이 나고 소금과 함께 채소에 넣으면 곡물 죽과 마찬가지로 발효를 돕는 효과가 있어요.

다양해진 채소들과 갖가지 양념으로

고려 시대에는 온 나라가 불교를 믿었기 때문에 자연히 채소 요리를 많이 먹었어요. 특히 무·오이·부추·파·죽순·가지·미나리·순무 등 갖가지 채소로 김치를 만들어 먹었는데, 마늘·산초·생강 같은 양념을 더해 맛과 영양 면에서 한층 더 발전됐지요.

한 가지 중요한 사실은 이때까지만 해도 배추로 김치를 만들어 먹지 않았다는 거예요. 당시에도 배추는 있었지만, 시금치나 상추처럼 잎만 자라 속이 알차지 못해 널리 즐겨 먹는 음식 재료가 아니었어요.

시원한 물김치의 등장

우리 조상들은 채소나 산나물을 장아찌나 짠지 형태로 김치를 만들어 먹었어요. 이규보가 쓴 시에 "무장아찌는 여름 반찬에 좋고 소금 절인 무는 겨울 내내 반찬이 되네."라는 구절이 있는 것으로 보아 고려 때부터 장아찌와 김치를 구별했음을 알 수 있어요.

그리고 나박김치와 동치미 같은 물김치를 즐겨 먹기 시작했어요. 이때의 나박김치는 배추가 아닌 미나리 같은 채소를 주재료로 하여 생강·귤껍질 등 양념을 넣고 소금을 푼 물을 부어 담갔어요.

조선 초기에는
무를 이용한 김치를

오늘날 우리가 즐겨 먹는 김치는 조선 시대 들어 비로소 그 모양을 갖추었다고 할 수 있어요. 그러나 조선 초기에는 여전히 배추가 인기가 없어 주로 무로 김치를 담가 먹었어요. 무도 이전에는 맛이 좋지 않아 순무로 만든 김치가

24

주를 이루었지만, 고려 시대에 들어오면서 질 좋은 무가 생산되기 시작하자 동치미를 비롯해서 싱건지, 섞박지같이 무를 이용한 김치를 많이 만들어 먹었어요.

당시에는 특이하게도 할미꽃과 맨드라미꽃을 이용해 김치의 향과 색을 냈다고 해요.

드디어 배추로 김치를

조선 중기에는 김치에 사용하는 채소의 종류가 많아지고, 맛있는 김치를 담그기 위해 다양한 양념과 재료를 쓰는 등 김치가 점점 손이 많이 가는 음식으로 변해 가요.

한겨울에는 나지 않은 채소인 오이·가지·호박·송이 등을 초가을에 소금에 절여 뒀다가 겨울에 김치를 담글 때 섞어서 사용하거나, 밥·엿기름·마늘·파 등을 이용해 담그는 등 조선 초기와 달리 더욱더 정성 들인 김치가 등장해요. 그리고 배추와 갓을 이용해 김치를 담가 먹는 등 점차 우리가 먹는 김치로 제 모습을 갖춰 가요.

속이 꽉 찬 배추에 매운 고춧가루로 담근 빨간 김치

이제는 전 세계 사람들이 즐겨 먹는 색이 빨갛고 매콤한 김치는 임진 왜란이 끝난 후에 우리나라에 고추가 들어오고 나서부터 시작돼요. 고추가 들어오기 이전에도 이미 마늘이나 산초같이 매운맛을 내는 재료로 김치를 담가 먹었기 때문에 고추의 매운맛을 받아들이는 데는 그리 어렵지 않았을 거예요.

그런데 왜 백김치만 먹다가 김치에 고추 양념을 넣어 먹기 시작했을까요? 그 이유는 분분하지만, 대체로 귀신이 붉은색을 싫어한다는 이유로 고추를 김치에 넣어 먹으면 나쁜 것들이 들러붙지 않을 것이라는 믿음에 시작됐다고 해요. 김치에 젓갈을 넣으면서 비린내를 제거하기 위해 고춧가루를 썼다고도 해요. 임진왜란과 병자호란 같은 잦은 전쟁으로 소금이 부족해지자 소금을 적게 쓰기 위해 고춧가루를 넣었다고도 해요.

요즘과 같이 통이 크고 알찬 배추는 1850년대에 본격적으로 재배되기 시작했어요. 이 배추는 잎이 여러 겹으로 겹쳐져서 공 모양을 이룬다고 해서 '결구배추'라고 하지요.

　또 배추의 맛과 영양을 더하기 위해 양념에 젓갈을 넣어 김치를 만들기 시작했어요.

3. 김치의 재료들

김치는 배추와 무, 고춧가루, 마늘, 생강, 미
나리, 갓, 파, 젓갈, 굴 등 다양한 재료가 어우러진 우리나
라 고유의 발효 식품이에요. 놀라운 풍미와 영양이 가득해서
세계인들의 입맛까지 매료시킨 훌륭한 음식이지요. 김치의
조화로운 맛을 이루는 재료에 대해 살펴보아요.

겨울에도 푸른 풀

고려 때 편찬된 《향약구급방》이라는 책에 배추에 대한 설명이 있는데, 한자로는 '숭'이라하여 줄기가 짧고 잎은 넓고 두꺼우며 실털이 많다고 했어요. 마치 얼갈이배추 같기도 해요. 오늘날 속이 꽉 찬 배추와 달리 크거나 통통하지 않고 속도 차지 않아 1700년대까지만 해도 배추는 김치의 재료로는 인기가 없었어요.

배추의 옛 이름인 숭(菘)은 소나무 송(松) 자에 풀 초(艹) 자를 얹은 글자로, '소나무처럼 겨울에도 시들지 않고 푸른 풀'이라는 뜻이에요. 실제로 배추는 시원한 지역에서 잘 자라요. 특히 밤과 낮의 기온 차가 커야 속이 잘 들어차지요.

줄기가 하얗다 하여 붙여진 이름

절임에 알맞아 김치를 담그는 채소 중에서도 가장 많이 이용되는 배추는 중국 북부 지방이 원산지예요. 배추를 김치의 주재료로 삼게 한 결구배추도 1750년대에 베이징에서 처음 재

배됐다고 해요. 중국에서는 배추의 줄기가 희다 하여 '바이채'라고 하는데, 이 바이채가 우리나라에 들어오면서 '배추'로 불렸어요.

우리 조상들은 김치를 담그고 남은 배추로는 국을 끓여 술을 마신 남편의 숙취 해소를 도왔어요. 배추씨 기름은 머리를 길게 하는 데 도움이 된다 하여 머릿기름으로 썼어요. 이 기름을 칼에 칠해 두면 녹슬지 않아 군사 일을 보는 관리들의 필수품이기도 했대요.

가난한 사람들의 반찬

옛사람들은 꽤 오래전부터 무를 먹어 왔어요. 중국 한나라 때는 무로 흉년을 극복했다고 해요. 적이 쳐들어와 궁전을 둘러싸자 궁녀 1,000여 명이 항복하지 않고 1년 동안 가꿔 먹었을 정도로 무는 중요한 먹을거리였어요.

하지만 당시의 무는 맛이 썩 좋지 않았다고 해요. 사실 무의 역사는 6,000여 년 전 이집트로 거슬러 올라가요. 피라미드 건설에 동원된 노예들

무를 보면 끔찍이도 배고팠던 시절이 생각나.

이 먹던 음식으로, 사람들이 먹을 게 못 되는 음식으로 천시받았지요.

지금도 한국과 중국, 일본을 제외한 다른 문화권에서는 무를 먹지 않거나 먹더라도 가난한 사람들이나 먹는 음식으로 여기고 있어요.

영국의 유명한 극작가인 셰익스피어는 인간을 비하하는 데 무로 비유했어요. 몹시 가난했던 영국의 한 시인은 무 요리를 지긋지긋한 가난에 빗대어 시로 표현하기도 했지요.

약보다는 무

배추보다 훨씬 이른 시기부터 김치의 주재료가 된 무의 고향은 지중해 연안이에요. 실크 로드를 통해 중국에 전래됐고, 우리나라에는 불교와 함께 삼국 시대에 들어왔어요.

노예들이나 먹는 음식!

무의 옛 이름은 '무수'로, 지금도 남쪽 지방에 가면 여전히 '무수'라고 하거나 '무시'라고 해요.

무는 보리나 밀을 먹었을 때 생길 수 있는 독과 부스럼을 푸는 데 좋다고 하여 의학서에도 두루 이름을 올렸어요. 또 무에는 항암 성분이 있어요. 하지만 날로 먹을 때 매운맛이 나며, 먹고 나면 고약한 트림이 나게 해요.

아삭한 맛을 만들어 내는 소금

김장 재료로 배추와 무를 준비한 후에는 무엇이 필요할까요? 바로 소금이에요. 소금은 김치를 절이는 데 쓰일 뿐 아니라, 우리 몸에 필요한 미네랄 가운데 하나인 나트륨으로 이루어져 있어서 아주 오랜 옛날부터 중요한 양념으로 자리매김해 왔어요.

소금은 미생물이 자라지 못하게 해 김치가 나쁜 균에 오염되는 것을 막고, 김치를 보관하는 내내 썩지 않게 해 줘요. 소금에 들어 있는 '마그네슘염'은 채소의 세포 속에 들어 있는 즙을 빠르게 밖으로 빼내고 단단하게 하여 김치 특유의 아삭한 맛을 내게 하지요.

김치를 만들 때는 흔히 쓰이는 소금이나 바닷물로 만든 소금을 써요. 원래의 소금을 녹여 불순물을 제거하고 다시 굳힌 정제염이나 습기가 차지 않게 하는 성분을 넣어 만든 식탁염으로는 제대로 된 김치의 맛을 낼 수 없어요.

고구려 왕은 소금 장수

고구려 제15대 임금인 미천왕(을불)이 왕위에 오르기 전에 소금 장수

였다는 사실 알고 있나요? 왕이 되기 위해서라면 전쟁을 벌이고 사람을 죽이는 일도 서슴지 않던 시절에 큰아버지인 봉상왕은 을불의 아버지인 돌고를 반역의 누명을 씌워 죽이고, 조카 을불까지 해치려 했어요. 생명의 위협을 느낀 을불은 궁에서 빠져나와 정체를 숨기고 머슴살이를 하다가 후에는 등에 소금을 지고 다니며 여기저기 팔러 다녔어요.

　형제의 피로써 왕위에 오른 봉상왕은 그다지 좋은 왕이 아니었나 봐요. 가뭄으로 백성들이 굶주리는데도 궁궐을 수리하기 위해 백성들에게 강제로 일을 시켰어요. 이에 도망가는 자가 많았어요. 나라에 원성이 끊이지 않자 재상인 창조리 등이 봉상왕을 왕위에서 내쫓고 을불을 찾아내 왕으로 삼았대요.

고려 후추

고추로 김치의 맛을 더한 역사는 200년 남짓이지만, 이제는 고춧가루 없는 김치는 상상할 수도 없어요. 아직 김치를 맛보지 못한 외국인들도 '김치' 하면 매운맛을 떠올릴 정도로 김치에는 고춧가루가 필수지요.

고추는 중남미가 원산지로 이탈리아의 항해가인 콜럼버스가 미 대륙을 발견한 이후 전 세계로 퍼져 나갔어요. 아시아에는 1559년 포르투갈 상선에 의해 일본으로 전해진 것이 최초예요. 그러나 일본의 옛 책에는 임진왜란(1592년) 당시 도요토미 히데요시가 조선에서 들여와 '고려 후추'라고 불렀다는 기록이 있어요. 최근에는 고추가 우리나라에서 일본으로 전해진 시기보다 포르투갈 상선이 일본으로 전했다는 시기가 더 빠르므로 일본에서 우리나라로 전래됐다고 보고 있어요.

김치의 재료인 고춧가루는 채소와 젓갈의 맛과 냄새가 변하는 것을 막고, 젓갈에 들어 있는 아미노산의 맛을 유지해 김치의 독특한 풍미를 이루는 데 큰 역할을 해요.

무기로 쓰인 고추

조선 시대에는 고추를 먹기만 한 게 아니에요. 추운 날 먼 길을 떠날 때 배에 고추를 넣어 만든 복대를

고추 복대!

추울 때는 고추 버선!

차고, 버선 틈에 고추를 넣어 추위를 이겨 냈다고 해요. 고추의 매운 기운이 혈액 순환을 좋게 해 조금이나마 추위를 잊게 한 것이죠.

고추는 무기로도 쓰였어요. 고추를 태운 매운 연기는 적군의 눈을 따갑게 하고 매운 향은 기침이 나게 했지요. 기습 작전으로 고춧가루를 얼굴에 뿌리기도 했어요.

에잇! 고추 맛 좀 봐라!

아 악!

호랑이도 무서워하는 마늘

　김치를 만드는 데 없어서는 안 될 중요한
재료가 또 있어요. 바로 마늘이
에요. 우리나라 단군 신화에
도 등장하는 마늘은 다른 나
라에서 전래됐다기보다는 이미
우리 땅에서 마늘을 재배했거나
산과 들에서 자라는 야생 마늘을
먹어 온 것으로 볼 수 있어요.

　마늘은 세계 자연식품 가운데 세
번째로 영양가가 높은 재료로, 마
늘 속에 들어 있는 아시린 성분
은 김치에 나쁜 세균이 자랄 수 없
게 하지요. 생강과 더불어 김치의 맛이 변
하지 않게 하는 방부제 역할도 해요.
젓갈의 단백질 성분을 김치에 잘
녹아들게도 해요.

　마늘과 관련하여 재미있는 사
실은, 옛사람들은 호랑이가 마늘을
싫어한다고 여겨 마늘을 먹고 산을 넘으면
호랑이에게 물려 가지 않는다고 믿었다는 거예요. 이는 아마도 단군 신화에서 곰과 호랑이가 마늘과 쑥을 먹고 사람이 되려 했지만, 호랑이만 100일을 채우지 못해 사람이 되지 못했기 때문일 거예요.

약으로도 쓰인 파와 갓

우리나라에 파가 언제 들어왔는지는 정확하지 않지만, 매운맛이 나는 파는 김치의 양념으로도 쓰이고 주재료로도 쓰여요. 고려 시대에 쓰인 《향약구급방》이라는 책에 파가 약으로 쓰였다고 하는데, 몸을 따뜻하게 하고 혈액 순환을 원활하게 하는 효과가 있대요.

갓은 무나 배추보다 매우 이른 시기부터 먹어 온 채소예요. 파와 마찬가지로 김치의 주재료이기도 하고, 다른 재료로 만든 김치의 맛을 돋우는 데도 쓰여요.

고대 그리스와 로마에서는 약초로 썼고, 이후에는 여린 잎으로 샐러드를 해 먹었어요. 갓의 잎을 먹으면 기억력이 좋아지고 피로를 풀어 준다고 하여 잘 구운 고기 옆에 반드시 갓 샐러드를 놓았대요.

먹었지롱!

노랗지도 않은데 이름만 노랗네!

여름 김치의 대표 격인 오이소박이의 주재료는 이름에서 알 수 있듯이 바로 오이예요. 찬 성질의 오이와 따뜻한 성질의 부추가 만나 환상의 궁합을 이루는 김치이지요.

오이의 원산지는 히말라야예요. 히말라야는 파키스탄, 인도, 네팔, 부탄, 티베트에 걸쳐 있는데, 그중에서도 인도와 가까운 곳이 오이의 고향이지요. 지금으로부터 약 2,100년 전 중국 한나라 사람인 장건이 중국에서 인도로 가는 길을 트면서 들여왔다고 해요. 중국에서는 오이를 '황과(黃瓜)'라고 하는데, 당시에는 오랑캐의 땅에서 들여왔다고 해서 '호과(胡瓜)'라고 불렀대요. 그런데 4세기 초 이름에 호(胡) 자가 들어간 왕이 즉위하여 이 글자를 쓸 수 없게 되자 황과로 바꿔 불렀대요.

우리나라에서는 삼국 시대 이전인 기원전 1세기경에 오이를 먹은 흔적이 발견됐고, 통일 신라 시대에는 오이를 즐겨 먹었다고 해요.

밥맛 돌게 하는 동이족의 먹거리

신라 시대 신문왕이 왕비를 맞을 때 예단으로 보낸 품목 가운데 젓갈이 들어 있을 정도로 우리 민족과 젓갈의 인연은 대단히 깊어요. 우리나라는 삼면이 바다라서 언제나 생선을 얻을 수 있기에 바람에 말려 먹기도 하고, 소금을 뿌려 염장해서 먹기도 하고, 젓갈로 만들어 먹는 등 다양한 방법이 생겨난 것은 어쩌면 당연한 것이겠지요.

젓갈에
반했다우!

중국의 옛 책인 《제민요술》에는 젓갈에 대한 흥미로운 이야기가 실려 있어요. 한나라의 임금인 무제가 동쪽에 사는 오랑캐를 쫓아 산둥반도 끝 바다에 이르렀는데, 특이한 냄새를 맡자 갑자기 배 속에서 꼬르륵 소리가 났대요. 사람을 시켜 그 냄새가 어디에서 나는지, 무슨 냄새인지 알아보게 하니 어부들이 물고기의 창자를 소금에 버무려 항아리에 넣어 뒀다가 삭힌 후 꺼내 먹는다는 것을 알게 됐대요. 그 음식을 오랑캐를 쫓다가 얻은 음식이라 하여 '축이'라고 했어요. 여기서 오랑캐는 중국의 동쪽에 살던 우리 민족을 뜻해요. 실제로 고구려 사람들은 젓갈을 잘 만들었고 즐겨 먹었어요.

영양 가득한 한국의 맛

40

중국에서도, 말레이시아에서도, 베트남에서도, 인도네시아 보르네오 섬에서도, 일본에서도 젓갈을 만들어 먹어요. 우수한 단백질 성분, 유산균과 비타민 함유량 등 우리나라의 젓갈이 영양 면에서는 훨씬 뛰어나요. 또 특유의 발효의 맛은 유럽과 미국의 식품학자들이 하나같이 입을 모아 천하일품이라고 했다는군요.

어리굴젓

굴젓으로 담가 먹는 건 우리나라뿐

유럽에서는 사람이 유일하게 날로 먹을 수 있는 해산물로 굴을 꼽았어요. 굴은 이미 로마 시대에 양식을 했다는 기록이 있을 정도로 오랫동안 인류의 양식이었어요.

우리나라에서는 구석기 시대 유적에서 발견된 조개무지에서 굴 껍데기가 많이 출토됐어요. 고려 시대에는 굴을 날것으로 자주 먹었다고 해요.

일반적으로 서양 사람들은 굴을 레몬이나 토마토케첩, 식초를 쳐서 날로 먹고, 일본 사람들은 굴을 밥과 함께 익혀 먹거나 훈제로 만들어 먹어요. 이에 반해 우리나라는 굴을 날로 먹기도 하고, 밥과 전으로 익혀 먹기도 하며, 소금에 절여 굴젓을 담가 먹기도 하지요.

굴전

4.김치를 만드는 정성 어린 손길

김치는 1,000년이 넘는 시간을 거쳐 오면서 점차 갖가지 양념과 사람의 손길이 더해져 보기에도 좋고 맛도 좋고 영양이 풍부한 음식으로 거듭났어요. 배추, 무, 오이 등에 양념으로 파·마늘·생강·고춧가루·젓갈을 넣게 됐고, 젓갈도 멸치젓·새우젓·황석어젓·갈치속젓 등 다양한 종류가 쓰이지요. 여기에 굴·전복·명태·오징어·생새우·갈치 등을 넣기도 하고, 김치의 맛을 돋우기 위해 대추·배·감 같은 과일이나 표고버섯·송이버섯·잣·밤 등을 넣기도 해요.

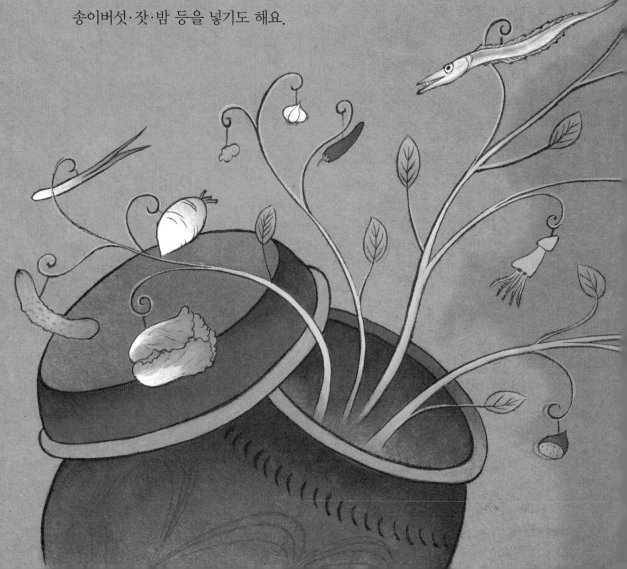

채소 다듬기를 사람같이

밭에 씨를 뿌리고 잘 가꿔 거둬들인 채소로
김치를 담그는 과정에서 가장 첫 번째로 해야 할
일은 채소를 다듬는 것이에요. 우리 조상들은 채소에   깃
들인 생명을 칼로써 함부로 해쳐서는 안 된다고 여겼어요. 먹기에 너무
크면 잎이 생긴 모양새를 따라 손으로 갈라 잘게 만들었어요. 지저분한
이물질이나 시든 이파리는 일일이 손으로 떼어 냈어요.

채소를 자르거나 껍질을 긁어내는 등 칼을 써야 할 때는 쇠로 만든
것을 쓰지 않고 대나무로 만든 것을 썼어요. 마늘이나 생강은 칼을 쓰
지 않고 다지거나 으깨어 썼고, 고추는 돌확에 갈아서 썼어요.

오늘날 영양학적으로 밝혀진 바로도 채소를 쇠칼로 자르면 비타민이
파괴된다고 하니 우리 조상들의 지혜는 참으로 대단해요.

채소를 절일 때도 날을 골라서

우리 조상들은 김장거리를 소금에 절일 때는 특별히 날을 정해서 했어요. 어른들 말씀에 '손이 없는 날'에 해야 한다고 해요. 여기서 '손'은 날짜에 따라 따라다니면서 사람의 일을 방해한다는 귀신을 뜻해요. 겨우내 먹어야 하는 귀한 먹을거리를 맛있게 먹고 건강했으면 하는 조상들의 소박한 소망이 엿보이네요.

말을 많이 하면 안 돼!

본격적으로 채소를 절일 때는 일하는 아낙네들의 입에 창호지를 붙였어요. 당시에는 여자를 음으로, 남자를 양으로 여겨 음양의 조화를

매우 중시했어요. 김치를 만드는 일은 온전히 여자의 일로, 김치를 담글 때 아낙네들이 말을 많이 하면 김치에 음의 기운이 깃들어 맛이 좋지 않다고 여겼어요.

또 전통 있는 명문가에서는 채소를 조금씩 오래 절일수록 오묘한 맛이 더해진다고 여겨 농도를 달리한 소금물에 3일이나 5일, 7일, 9일간 이리저리 옮겨 절이기도 했어요.

양념을 버무리는 담그기

흔히 김치를 담근다고 할 때, '담근다'는 음식을 그릇에 담는다거나 물에 푹 잠기도록 하는 것이 아니에요. 갖가지 양념을 채소에 버무려서 익거나 삭도록 그릇에 넣어 두는 것을 말해요.

김치를 담글 때는 재료가 신선한지, 고춧가루나 젓갈, 소금 같은 재료의 양이 적당한지, 양념을 버무리는 솜씨는 어떠한지에 따라 김치의 맛이 달라져요.

어떤 음식을 만들든 신선하고 깨끗한 재료를 써야 하는 건 누구나 잘 아는 사실이지요. 양념을 만들 때 고춧가루를 많이 넣으면 맵기만 해서 다른 좋은 맛이 가려져요. 소금이나 젓갈을 많이 넣으면 너무 짜서 건강에 좋지 않아요.

채소에 버무릴 때 양념이 너무 많으면 나중에 김치가 익었을 때 텁텁하니 특유의 시원한 맛이 사라져요. 양념이 너무 적거나 간이 싱거우면 오래 저장해 두고 먹어야 하는 경우 김치가 제맛을 내기도 전에 물러져 먹을 수 없게 돼요.

익었으면서도 익지 않은

'아삭아삭' 굿!

김치가 발효되어 알맞게 익은 것을 '삭았다'고 해요. 갖가지 재료로 나쁜 균이 자라는 것을 막고, 좋은 균과 효소가 작용해 발효 작용이 일어나 김치의 독특한 맛과 향이 만들어진 상태를 말하는 거예요. 물건이 오래되어 본모습이 변하고 썩은 것처럼 변해 버리는 삭은 것은 좋지 않지만, 김치만큼은 삭아야 제맛을 낼 수 있어요.

또 김치가 제맛을 내는 것을 '익었다'고 해요. 불에 음식을 익히는 것과 달리 씹기 좋도록 부드러워지거나 흐물흐물해지지 않고 생채소처럼 아삭아삭 씹히는 것을 말해요. 익은 김치의 맛은 생채소를 먹는 것과는 전혀 달라요. 영국에서는 감탄할 만큼 오묘한 김치의 맛을 이 아삭한 질감으로 꼽았다고 해요.

김치는 땅에 묻어야 제맛

요즘에는 각 가정마다 김치냉장고가 있어서 김치를 오랫동안 일정한 온도로 보관할 수 있어요. 냉장고가 없던 시절에는 땅에 묻어 맛이 변하지 않도록 했어요. 김치는 그 자체로 땅이라 할 수 있는, 흙으로 빚은 옹기에 담아 묻었어요.

김장 김치는 겨우내 온도가 변하지 않고 습기가 차서 벌레가 들끓지 않도록 하기 위해 항아리를 짚으로 덮어 두거나 짚으로 만든 창고에 보관했어요.

5. 김치의 맛은 어떻게 이루어질까?

김 치 에
도 과학이 있다
면 믿어지나요? 우리 조상들은 지
혜를 발휘해 주변 온도와 공기, 첨가되는
양념이 재료의 세포에 작용하는 효능,
우리 몸에 이로운 각종 미생물의 활동
등으로 이루어지는 '발효'라는 원리를 자연
으로부터 터득하여 사계절 내내 채소를 두고두고 먹을
수 있게 했어요.

뿌리가 없어도 살아 숨 쉬는 채소

채소는 동물과 달리 땅에서 뿌리째 뽑히거나 칼에 잘린다고 해서 금방 조직 세포가 죽는 게 아니에요. 물과 영양분을 공급하는 뿌리가 없어져도 며칠 또는 몇 달간 공기 속에서 이산화탄소를 빨아들이고 산소를 내뿜으며 멀쩡히 살아 있어요.

마찬가지로 깨끗이 다듬고 씻은 김치의 재료도 일정 시간 살아서 숨을 쉬어요. 이때 소금을 뿌려 두면 염분이 채소의 세포 속으로 들어가요.

채소의 숨을 죽이는 삼투압 원리

채소에 뿌려 둔 소금은 채소 세포 속 수분을 밖으로 내보내고 소금의 염분이 들어가게 하는 역할을 해요. 이를 '삼투압'이라고 하지요. 채소 속 막은 어떤 성분은 통과시키고 다른 성분은 통과시키지 않는 특징이 있는데, 농도가 짙은 소금물과 농도가 낮은 채소 세포 속 물이 서로 오가며 농도를 조절하게 돼요.

절이는 데도 노하우가 필요해!

3시간만 소금물에서 푹 자렴!

채소를 소금물에 담가 둔다고 해서 입맛에 알맞게 농도가 조절되는 건 아니에요. 삼투압 현상에 영향을 주는 기온이나 재료의 양에 따라 소금물에 담가 두는 시간을 달리해야 해요. 보통은 3~4시간 정도면 채소 세포 안팎으로 농도가 적당히 조절되고 소금에 있는 미네랄을 비롯해 여러 영양소가 채소에 배어들어요. 날씨가 춥거나 김장처럼 재료의 양이 많을 때는 하룻밤 또는 한나절 정도 절여야 해요.

채소를 너무 오랫동안 소금물에 절여 두면 채소 속 수분과 영양소가 많이 빠져나와 질기고 맛없는 김치가 돼요.

채소를 절이는 결정적인 이유

소금으로 절이지 않은 채소는 조직이 그대로 살아 있기 때문에 양념이 잘 배어들지 않지요. 그러면 채소에 양념이 묻어 있는 상태가 되어 간도 맞지 않고 시간이 지나면서 채소 속 수분 때문에 국물만 많아지고 맛이 싱거워지면서 급기야는 곰팡이가 생겨 먹을 수 없게 돼요.

김치의 맛을 돕는 미생물

김치를 담글 때, 어떠한 생명체도 살 수 없는 진공 상태가 아니라면 배추, 무, 갖은 양념과 젓갈 속에는 미생물이 있기 마련이에요. 미생물은 아주 작아서 우리 눈으로 관찰할 수 없는 생물을 말해요. 너무 작아서 현미경으로만 볼 수 있지요.

미생물은 대체로 하나의 세포로 이루어져 있는데, 공기나 흙, 우리 몸에도 살고 있지요. 미생물 하면 보통 콜레라, 신종 플루같이 건강을 해치는 나쁜 균을 떠올리는데, 빵을 만드는 효모나 누룩이나 메주를 만드는 털곰팡이, 누룩곰팡이는 우리에게 이로운 미생물이에요. 우리 몸속에 사는 미생물도 우리의 몸을 나쁜 균으로부터 보호해 주지요. 또 약으로서 바이러스로 인한 질병이나 암도 고치지요.

신맛을 만들어 내는 이산화탄소

신기하게도 어머니는 김치 통 뚜껑을 열어 보기만 해도 김치가 "잘 익었네!" 하며 예쁜 그릇에 담아 식탁에 내놓습니다. 어떻게 김치가 잘 익었는지 알 수 있는 걸까요? 김치가 잘 발효되면 시큼한 향이 나고 톡 쏘는 맛이 나며 국물에는 보글보글 거품이 생겨요.

이는 김치가 익으면서 이산화탄소가 생기기 때문이에요. 이산화탄소는 톡 쏘는 맛으로 혀를 자극하고 코를 찡긋거리게 하며 트림을 하게 하지요. 이산화탄소에 의해 만들어진 김치의 신맛은 탄수화물인 밥의 소화를 돕고 느끼하거나 물기가 적은 음식을 먹었을 때 목구멍에서 위로 음식물이 잘 넘어가게 해 준답니다.

기온이 높은 남쪽 지방에서는 젓갈을 듬뿍

김치에 들어가는 젓갈은 김치에 부족한 단백질을 보충해 주기도 하지만, 젓갈이 분해된 아미노산과 각종 무기질은 김치가 빨리 시어지는 것을 막아요. 김치는 온도가 높을수록 빨리 시어지는데, 북쪽 지방보다 날씨가 따뜻한 남쪽 지방에서 김치 양념에 젓갈을 많이 넣는 이유이기도 해요.

김치의 재료와 양념이 당분과 젖산균으로 발효되는 동안에는, 다시 말해서 김치가 익는 동안에는 신맛이 나지 않아요. 그러다가 당분이 분해된 포도당이 더는 발효의 양분으로 쓰이지 못하게 되면 이때부터 신맛이 나요. 적당히 신맛이 나면서 시원하고 감칠맛 나는 김치를 맛볼 수 있지요.

김치는 담가서 일정 시간 먹어야 하는 음식이므로 이러한 풍미를 오랫동안 유지하는 게 중요해요. 따라서 김치에 들어가는 젓갈의 양을 잘

조절하면 원하는 시기에 잘 익은 김치를 맛볼 수 있답니다.

면역력을 키우는 김치

2002년 일명 '사스(SARS)'로 불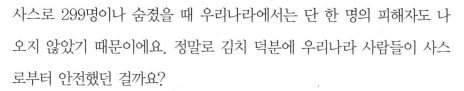
리는 중증 급성 호흡기 증후군이 전
세계를 공포에 몰아넣었을 때 세상
사람들이 주목한 음식이 있어요.
바로 김치예요. 홍콩, 타이완 지역을
중심으로 감염자가 급속히 늘어 홍콩에서만
사스로 299명이나 숨졌을 때 우리나라에서는 단 한 명의 피해자도 나
오지 않았기 때문이에요. 정말로 김치 덕분에 우리나라 사람들이 사스
로부터 안전했던 걸까요?

사스의 광풍이 불어닥쳤을 때 무성한 소문의 진상을 알아보기 위해
실제로 배추김치를 조사한 결과 놀라운 사실이 밝혀졌어요. 김치에서
는 약 200가지의 유산균이 만들어지는데, 이들 유전 정보를 분석해 보
니 여러 가지 병원균을 예방하거나 치료할 수 있는 물질을 만들어 낼
수 있었어요. 또 김치 유산균을 따로 키워 질병을 일으키는 균과 맞서
게 해 보니 김치 유산균이 승리했지요.

최근에는 사람의 질병뿐만 아니라 고급 생선인 연어의 희소병 치료
에도 김치 유산균을 이용하는 기술이 개발됐답니다.

6. 맛은 일품, 영양은 가득

요즘에는 김치를 잘 모르거나 김치를 거의 먹지 않는 사람이 많아 김치 없이도 식사를 하는 데 아무 불편을 느끼지 않는 경우가 많아요. 그러나 김치를 덜 먹게 되면서 아이나 젊은 사람들 중에서도 성인병을 앓는 사람이 늘고 있어요. 반면, 고기 위주의 식사로 성인병에 오랫동안 시달려 온 외국인들은 김치의 영양학적인 면에 반해 김치를 최고의 웰빙 식품이라며 엄지손을 치켜든답니다.

건강을 유지하는 데 꼭 필요한 영양소

김치는 주재료를 비롯해 양념 대부분이 채소이므로 A·D·C·B$_2$·B$_6$·B$_{12}$·니아신·엽산 등 각종 비타민이 풍부해요. 하루에 김치를 300그램만 먹어도 비타민과 무기질을 적게는 1일 영양 권장량의 13퍼센트, 많게는 104퍼센트나 섭취할 수 있어요.

아미노산과 칼슘이 풍부한 젓갈

김치에 들어가는 젓갈은 단백질 성분으로, 김치 속 다른 양념의 도움을 받아 아미노산으로 분해돼요. 아미노산은 잘 알다시피 모든 생명 현상을 이루는 단백질의 기본 구성단위로, 사람들은 몸에 좋은 아미노산을 섭취하기 위해 애를 쓰지요.

젓갈의 주재료인 생선의 뼈는 우리 몸에 필요한 칼슘·인·마그네슘 같은 무기질로 분해돼요.

김치에 주로 넣어 먹는 굴에는 칼슘과 철분이 많고, 비타민 A가 풍부해 피부를 아름답게 해 줘요.

우리 몸에 이로운 착한 균

김치가 숙성이 되면 우리 몸에 좋은 균이 생겨요. 젖산균을 비롯해 10여 종의 유기산이 만들어지지요. 유기산이란 우리의 몸을 이루며 몸속에서 생명력에 의해 만들어지는 신맛의 산성 물질을 말해요. 흔히 '유산균'이라고 하는 젖산균은 우리의 장 건강을 책임져요. 장 속을 깨끗하게 유지해 주고, 발암 물질이 생기지 않도록 하지요. 김치 1그램당 유산균이 8억 마리나 있대요.

구연산은 흔히 단맛이 나는 청량 음료의 향료로 많이 쓰이는데, 감기 예방에 좋고 젖산균과 마찬가지로 장을 깨끗하게 만들어 변비를 없애 줘요. 호박산은 질병과 세균에 대한 면역력을 키우고 통증을 진정·완화하는 효과가 있어요.

젖산균

유산균

호박산

김치에서만 발견되는 토종 유산균

발효·숙성되는 과정에서 김치에는 독특한 유산균이 생겨요. 이를 '류코노스톡 김치아이'라고 해요. 류코노스톡 김치아이는 김치의 맛과 향을 더해 줄 뿐 아니라, 식중독균인 살모넬라균이 김치에 달라붙지도 생기지도 못하게 해요.

밥만으로는 채울 수 없는 영양소

밥을 주식으로 하는 사람들에게 자칫 부족할 수 있는 영양소가 있어요. '티아민'이라고 불리는 비타민 B_1이에요. 티아민은 쌀눈에 많이 들어 있는데, 벼의 껍질을 벗기는 과정에서 쌀눈이 떨어져 나가지요.

우리 몸의 모든 세포가 움직이려면 에너지가 필요한데, 우리가 섭취한 당분을 에너지로 바꾸려면 티아민이 필요해요. 티아민이 부족하면 특히 신경계, 피부, 소화 기관에 영향을 끼쳐요. 이들 세포는 빠르게 교체되기 때문에 에너지를 많이 소비해요. 티아민은 주로 돼지고기, 해바라기씨, 감자, 곡류에 많이 들어 있어요.

김치를 먹으면 김치의 양념 속에 든 마늘이 티아민의 흡수를 돕고 비타민 C가 녹아 나오는 것을 막는답니다.

김치로 다이어트를

　배추나 무 등 채소를 주재료로 하는 김치에는 식이성 섬유가 풍부해요. 식이성 섬유는 장을 자극하여 소화·흡수를 돕고, 몸속에 들어온 공해 물질과 중금속을 빨아들였다가 대변으로 배출시켜요. 변비를 해소시켜 주어 다이어트에도 좋지요. 또 몸속 세포를 늙지 않게 하는 기능이 있고, 몸속 면역력을 강화시켜 각종 바이러스로 생기는 질병의 위험으로부터 안심할 수 있어요.

혈전 분해

변비 해소

공해 물질
중금속 해소

면역 강화

김치를 적게 먹으면 성인병이?

김치의 유산균은 장의 활동을 도와 대장에 병이 생기는 것을 막아 주고, 고기를 너무 많이 먹어 생길 수 있는 콜레스테롤이 몸에 쌓이는 것을 방해해요.

콜레스테롤은 우리 인체에서 없어서는 안 되는 필수적인 지방이에요. 하지만 콜레스테롤을 과하게 섭취하면 지방 조직이나 간에 저장되고, 병을 일으키는 원인이 돼요.

에너지로 쓰이지 못하고 남아도는 콜레스테롤은 혈액을 통해 온몸으로 운반돼요. 담석이라고 하는 돌이 되어 극심한 통증을 불러일으키기도 하고, 혈액 속에서는 혈전을 만들어 혈관이 좁아지는 원인이 되지요. 혈액 속을 떠다니는 콜레스테롤 덩어리들은 혈관 벽에 붙는데, 이것이 혈관을 꽉 막아 버리면 뇌나 심장에 영양분을 공급할 수 없어요. 심각한 경우 죽음에 이를 수 있어요.

하지만 김치를 먹으면 문제없어요. 김치에는 콜레스테롤 덩어리가 만들어 낸 혈전을 분해하는 물질이 들어 있기 때문이에요. 그렇다고 김치만 믿고 매일같이 고기만 먹으면 안 돼요. 무슨 음식이든 적당히 골고루 먹어야 건강에 좋아요.

7. 지역마다 맛도 모양도 달라요

우리의 식탁에 자주 오르는 김치에는 어떤 게 있을까요? 가장 흔하게 먹는 배추김치부터 총각김치, 깍두기, 오이소박이, 나박김치, 동치미 등 10여 가지 정도 돼요. 재료, 만드는 시기, 방법 등에 따라 김치의 종류가 200여 종이나 된다는 걸 아나요? 담그는 방법은 크게 네 가지로 나눌 수 있는데, 이를 더욱 세세하게 나누면 무려 1,000가지나 된대요.

당근도 토마토도 김치가 된다?

배추와 무를 제외한 재료로 담근 것을 채소 김치라고 해요. 채소 김치의 재료에는 오이, 파, 갓, 가지, 호박, 고들빼기, 도라지, 더덕, 뽕 잎, 콩잎, 미나리, 두릅, 부추, 죽순, 우엉, 인삼, 토마토, 감, 양배추, 근 대, 깻잎, 연근, 풋고추, 포도 잎, 고구마 줄기, 시금치, 당근, 양파 등이 있어요.

제철 채소들로 김치를

우리 조상들은 계절마다 제철 채소를 이용해 김치를 담가 먹었어 요. 겨우내 김장 김치만 먹어 물릴 즈음 봄에 갓 자란 햇배추와 미 나리 같은 채소로 김치를 담가 부족한 비타민을 보충하고, 환절기에 자칫 잃

기 쉬운 입맛도 살려 놓지요.

여름에는 더위를 이겨 내기 위해 열무나 오이 등 주로 성질이 찬 재료로 김치를 담가 먹었어요. 가을에는 곧 닥칠 추위에 대비해 영양분을 가득 저장한 채소들로 김치를 담갔어요. 겨울이면 으레 일 년 행사로 김장을 담가 한동안 먹을거리 걱정 않고 비타민을 섭취했답니다.

여름엔 오이와 열무로 김치를!

지역마다 다른 김치의 맛

겨울이 길고 기온이 서늘한 편인 북부 지방에서는 백김치, 동치미같이 싱겁고 담백한 김치를 많이 만들어 먹어요. 날씨가 추워서 김치가 금방 익지 않으므로 고춧가루도 소금도 많이 넣지 않아요.

북부 지방에 비해 날씨가 따뜻한 남쪽 지방에서는 김치가 빨리 익고 물러지는 것을 막기 위해 고춧가루와 소금, 젓갈을 많이 넣어 맵고 짠 편이에요. 양념도 넉넉해서 보기에도 먹음직스럽지요.

새우가 많이 나는 서해안과 중부 지방에서는 새우젓을, 남해안에서는 멸치가 많이 잡혀 경상도와 제주도 지역에서는 김치 양념에 멸치젓을 주로 넣어요.

겨울이 긴 지역에서는 백김치, 동치미!

서울은 배추김치, 경기도는 총각김치

조선 시대에는 도읍지로서, 오늘날에는 대한민국의 중심지이자 국제적인 도시가 된 서울은 궁중에서 많이 먹던 김치를 중심으로 발달했어

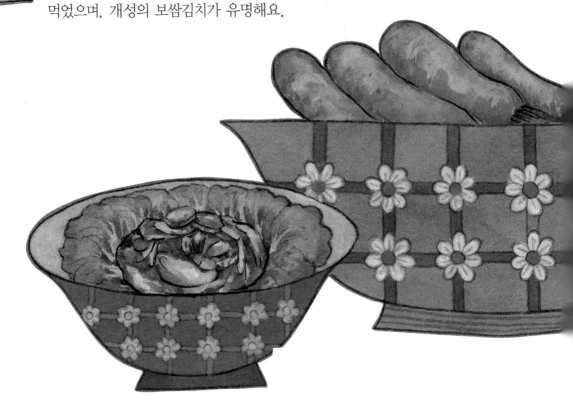

요. 그 가운데서도 흔히 먹는 배추김치는 조기젓과 새우젓으로 간하여 담백하게 담가 먹어요.

경기도의 김치는 서해안에서 나는 풍부한 해산물과 산간에서 나는 산채와 곡식이 어우러져 김치의 종류와 맛이 다양한 것이 특징이에요. 주로 총각김치를 해 먹었으며, 개성의 보쌈김치가 유명해요.

충청도는 나박김치, 강원도는 해물 김치

충청도는 젓국을 많이 쓰지 않고 소금만으로 간을 하여 소박하면서도 담백한 맛이 특징이에요. 무김치를 담글 때 삭힌 풋고추, 미나리 등을 함께 넣어 먹기도 하고, 표고버섯, 배, 밤 등을 넣어 은근한 맛이 우러나도록 담그기도 하지요. 충청도에서는 김치를 '짠지'라고도 하는데, 겨울에는 주로 배추로, 여름에는 무로 담가 먹어요.

강원도는 태백산맥을 중심으로 산이 가까운

곳(영서)과 바다가 가까운 곳(영동)에 따라 김치에 들어가는 재료가 달라요. 영서 지방에서는 소금과 고추만을 이용해 소박하게 김치를 담그는 반면, 영동 지방에서는 동해에서 나는 오징어·북어·명태를 넣은 해물 김치를 많이 담가 먹어요.

경상도는 깻잎 감치, 전라도는 갓감치, 제주도는 전복 감치

경상도는 고춧가루와 마늘을 많이 넣어 얼얼하게 매운맛이 특징이에요. 또 날씨가 따뜻한 지역으로, 김치가 쉽게 시어지지 않도록 소금을 많이 넣어 짜고 국물 없이 담가요. 젓갈은 멸치젓을 달여 삼베로 걸러 국물만 쓰고 갈치속젓을 넣기도 하지요. 부추김치와 우엉 김치, 깻잎 김치 같은 채

소 김치가 별미
예요.

전라도는 둘째가라면 서
러울 정도로 맛있는 음식이 많
고 모양이 화려해요. 기온이 따뜻한
지역이라 대체로 짜고 매우며 젓갈을 많이 쓰
지요. 갓김치와 고들빼기김치가 유명해요.

육지와 멀리 떨어진 제주도는 섬이라는 지역적인 특색에 맞게 해물
이 많이 들어가고, 국물을 넉넉히 부어 담그는 김치가 많아요. 전통적
으로 바닷물에 배추를 절이고 씻어서 김치를 담가요. 우리나라 제일 남
쪽에 위치해 한겨울에도 싱싱한 채소를 구할 수 있기 때문에 김장을 많
이 하지 않아요.

황해도는 호박김치, 평안도는 백김치

현재 북한 땅에 속하는 황해도는 짜지도 싱겁지도 않은 서울, 경기

도, 충청도 지방과 김치의 맛이 비슷하고 새우젓으로 깔끔한 맛을 내는 것이 특징이에요. 또 독특한 맛을 내기 위해 고수와 분디라는 채소를 넣어 먹지요. 늙은 호박에 무청과 배추 우거지를 넣어 담그는 호박김치는 이 지역 대표 김치예요.

평안도는 날씨가 추워서 김치가 쉽게 익지 않기 때문에 심심하게 간을 맞추고 국물을 넉넉하게 부어 김치를 담가요. 특히 고춧가루 양념을 적게 쓰고 김칫소를 적게 넣어 국물을 넉넉하게 부어 만드는 백김치는 낮은 온도에서 서서히 익히기 때문에 탄산음료 버금가는 시원한 맛이 일품이지요. 또 평안도는 험한 산들로 이어져 있지만 서쪽은 바다와 이어져 있어 김치에 생선을 많이 넣어요. 양념은 간단하게 그리고 육수를 사용해 단맛을 내기도 해요.

백두산과 개마고원 그리고 동해안을 끼고 있는 함경도는 험악한 산을 끼고 있는 지형과 어울리게 큼직큼직하니 먹음직스럽게 담그는 것이 특징이에요. 추운 지역인지라 간은 짜지 않게 하지만, 고추나 마늘 같은 양념을 많이 넣어 자극적인 맛을 즐기지요. 바다가 가까워 생선이 흔한데 젓갈 대신 생태나 가자미, 대구 등을 배추 포기 사이사이에 넣어 익혀서 먹어요. 그리고 겨울 동안 생선의 맛이 시원하게 밴 김칫국에 메밀국수를 말아 뜨끈뜨끈한 방에 둘러앉아 먹는답니다.

건강해지는 김치

김치에는 재료에 따라 특정 질병에 유익한 성분이 들어 있어 건강을 지키는 데 큰 도움이 돼요.

혈압 조절에 좋은 인삼 김치

비타민 A가 풍부한 호박김치는 감기와 냉증에 좋아요. 예로부터 천식과 가슴 통증에 약재로 쓰인 갓으로 담근 김치는 폐 기능이 약하고 가래가 많은 사람이 많이 먹으면 좋아요. 엽산이 많아 임신부들에게도 이로워요.

인삼 김치는 저혈압인 사람이 먹으면 혈압을 정상으로 올려 주고 고혈압

인 사람은 혈압을 낮춰 주는 효능이 있어요. 혈액 순환도 잘되지요. 여름철 갑작스러운 더위에 몸이 허약해졌을 때는 깻잎으로 김치를 담가 먹으면 입맛을 잃지 않아요.

우엉 김치는 당뇨에 효과가 있어요. 술을 마시는 사람들은 파나 순무로 김치를 담가 먹으면 간의 독성 및 암 물질을 제거하므로 간암을 예방할 수 있답니다.

동치미는 머리가 아프고 가슴이 답답할 때 먹으면 속이 개운해져요. 연탄을 태우던 시절에는 연탄가스를 마셨을 때 민간요법으로 동치미 국물을 마시게 했어요. 몸이 차서 고생하는 사람들은 김치에 성질이 뜨거운 계피를 넣어 김치를 담가 먹으면 효과가 있다고 해요.

단, 지나친 염분은 칼슘 섭취를 방해하므로 김치를 너무 짜지 않게 담그는 게 좋아요.

8. 김치를 담글 때 사용하는 도구들

과학이 발전하고 모든 것이 편해진 요즘에는 김치냉장고와 밀폐가 잘되는 김치 통이면 충분하지만, 옛날에는 김치의 맛을 해치지 않으면서도 오래 보관할 수 있는 재질의 도구를 이용해 김치를 담갔어요.

👊 절구

흔히 "옛날 옛적에"로 시작하는 이야기 중에 달에서 방아를 찧는다는 토끼들이 사용하는 것은 절구예요. 큰 절구는 보리 같은 곡식을 찧는 데 쓰고, 작은 절구는 마늘·생강·깨 등 양념을 빻는 데 사용했어요.

👊 자배기

채소를 절이고 김치 양념을 버무릴 때 사용하던 옹기그릇이에요.

👊 돌확

김치에 들어가는 고추를 가는 데 사용하던 도구예요. 돌확을 좌우로 얼마나 가느냐, 돌확을 누를 때 팔꿈치를 쓰느냐 어깨를 쓰느냐 허리로 쓰느냐에 따라 김치의 맛이 달라진다고 해요.

· 홈이 파인 곳에 손가락을 넣고 거친 쪽으로 양념을 가는 '**마자**'도 있어요.

생강이나 무, 과일의 즙을 낼 때 쓰는 기구예요. 한쪽 면이 몹시 거칠거나 톱니가 나 있어 잘 갈리지요.

🖐 **강판**

🖐 **항아리**

항아리는 주로 옹기로 된 것이 대부분이에요. 김치를 저장하는 데는 안성맞춤이지요. 김치는 4도 이하의 온도에서 저장해야 맛이 좋고 변하지 않아요. 외부의 온도에 영향을 잘 받지 않는 흙으로 만들어진 옹기는 덥고 차가운 바깥 기온을 완벽하게 막아 일정 온도를 유지하는 데 적당해요.

평안도와 함경도

경기도, 충청도

난 남쪽에서…

항아리는 지역에 따라 모양과 크기가 조금씩 달라요. 평안도와 함경도같이 겨울이 길고 날씨가 몹시 찬 북쪽 지방은 항아리가 매우 크면서도 키가 작고 옆으로 퍼졌어요(김장을 많이 하는 데다 국물이 많기 때문에). 경기도와 충청도의 항아리는 키가 크고 폭이 좁아 날씬한 모양이에요. 북쪽 지방보다 비교적 겨울을 나기가 수월한 남쪽 지방의 항아리는 크기가 작거나 옆으로 풍만하더라도 키가 작은 편이에요(김장을 많이 하지 않고 국물이 거의 없기 때문에).

젓갈에 쓰이는 생선이나 해물은 잡히자마자 바로 죽거나 날씨에 따라 쉽게 변질되므로 어부들은 배에 독을 싣고 다니다가 곧바로 저장했어요. 좁은 공간에 많이 싣기 위해 배가 불룩하지 않은 것이 특징이지요. 역삼각형 형태의 새우젓독은 독마다 손을 넣을 수 있도록 틈을 만들기 위해 입구보다 밑동을 더 좁게 만들었다고 해요.

젓독

단지

깨소금, 고춧가루, 간장 등 양념을 보관하던 그릇이에요.

김치나 깍두기를 담는 반찬 그릇이에요. 국그릇·밥그릇과 모양이 비슷하지만 높이가 낮고 크기가 작아요. 김치를 담아 그 분량을 세는 단위로도 쓰여요.

보시기

이중 항아리: 조선 말기 경상남도 합천에서 더운 여름철에 사용했던 항아리예요. 항아리 입구에 물이 흐를 수 있도록 턱을 만들어 산에서 흐르는 계곡물이 돌아 흘러내릴 수 있도록 했어요.

독이나 통 안에 든 절임, 김치를 꼭 눌러두는 돌이에요.

🦶 누름돌

요즘에는 각 가정마다 반드시 한 대씩은 있다는 김치냉장고는 일반 냉장고보다 일정한 온도를 유지하는 기능이 더 뛰어나요. 갓 담근 김치를 넣고 사용 설명서에 따라 입맛에 맞는 단계를 설정해 놓고 원하는 정도로 김치가 발효되면 '맛지킴 기능' 버튼을 눌러 오랫동안 그 맛을 유지하며 먹을 수 있어요. 온도 조절 기능을 잘 이용하면 김치뿐만 아니라 다양한 식품을 신선하고 오래도록 보관할 수 있고, 필요에 따라 냉동고로 사용할 수도 있어요.

🦶 김치 냉장고

배추 속에 넣을 양념에는 반드시 채 썬 무가 들어가는데, 이때 사용하는 것이 채칼이에요. 빠른 손놀림으로 칼로 채를 썰기도 하지만, 더 편하게 썰기 위해서 채칼을 이용하기도 해요.

🦶 채칼

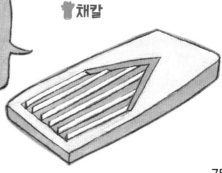

9. 끓이고 볶고 지지고

김치 요리를 해 볼까요!

일 년 내내 식탁에 오르는 김치는 그 자체로 먹기도 하지만 다양한 요리로 변신이 가능해요. 물을 부어 국이나 찌개로 끓여 먹기도 하고, 밀가루와 섞어 기름에 부쳐 먹기도 하며, 고기와 함께 오랜 시간 익혀 찜으로도 먹지요.

김칫국

쌀을 주식으로 하는 나라 가운데 중국과 일본에도 국은 있어요. 하지만 우리나라처럼 국에 밥을 말아 먹지는 않지요. 김칫국은 흔히 먹는 음식으로, 김치를 물에 씻어 양념을 털고 잘게 썰어 멸치 국물에 끓이다가 두부나 콩나물을 곁들여요.

김치찌개

찌개는 주로 옹기로 만든 뚝배기에 고기나 채소를 넣고 고추장이나 된장을 풀어 국물을 적게 잡아 바특하게 끓인 음식이에요. 된장찌개와 더불어 직장인들의 점심 메뉴로 인기가 많은 김치찌개는 따로 정해진 요리법이 없어요. 보통 전날 상에 올리고 남은, 볼품없이 흐트러진 김치에 돼지고기·호박·양파·멸치 가루 등을 넣고 끓이지요.

🥢 김치찜

　김장 김치의 맛이 막 변하려고 하거나 슬슬 싫증이
나려고 할 때 김치를 돼지갈비에 돌돌 말거
나 꽁치, 고등어 밑에 깔고 부글부글 끓여
먹는 일품요리예요.

갑자기 김치전이
먹고 싶네.

🥢 김치전

　주룩주룩 비가 쏟아지는 날이면 우리나라
사람 중에 열에 아홉은 지글지글 기
름에 지진 부침개 생각이
간절할 거예요. 이는 기
름이 지글대는 소리가 빗
소리와 비슷하고, 비 오는
날에는 굽는 기름 냄새가 더 멀
리 퍼져 나가기 때문에 그렇다고 하는데, 부
침개의 재료가 마땅치 않을 때 가장 쉽게 해 먹을 수 있어요.

🥢 김치 산적, 김치 누름적

　주로 잔칫상·제사상에 올리거나 손님을 대접할 때 내놓는 음식이에요. 김
치 산적은 김치 줄기 부분을 가운뎃손가락 크기로 잘라 양념한 쇠고기, 실파
와 함께 꼬챙이에 꿰어 기름에 지진 것이에요. 김치 누름적은 묽은 밀가루 반
죽을 팬에 익히다가 김치 줄기와 파 등을 나란히 얹어 노릇하게 지진 음식이
에요.

오늘 저녁 메뉴는 김치 만두!

김치 만두

설날이 다가오면 떡국을 먹으며 한 살 더 먹는다고 하는데, 이때 만두를 함께 먹어요. 요즘에는 만두 빚기도 수월해졌고, 냉동 만두를 사서 익혀 먹기만 하면 되기 때문에 밥 대신 별식으로 먹기도 하고 간식으로 먹기도 해요.

김치 만두의 속은 돼지고기·숙주나물·두부·당면 등에 종종종 잘게 썬 김치를 넣어 만드는데, 김치가 돼지고기의 노린내와 비린 맛을 없애 주어 느끼하지 않고 개운해요.

김치밥, 김치볶음밥

　냉장고를 열어 보니 반찬이라고는 김치뿐일 때 또는 찬밥을 해결할 때 자주 해 먹는 음식이에요. 밥을 지을 때 건강을 위해 또는 취향에 따라 보리·조·수수·콩 등 잡곡이나 콩나물·무·말린 나물 등 채소나 굴 같은 해산물을 넣어 지어 먹듯이 김치를 넣어 밥을 지으면 별식이 되지요. 김치밥은 잘 익은 배추김치와 돼지고기를 잘게 썰어 참기름에 볶다가 씻어 놓은 쌀과 섞어 밥을 지은 후 양념장에 비벼 먹는 거예요.

　김치볶음밥은 잘게 썬 김치를 참기름에 볶다가 밥을 넣고 같이 볶는 매우 간단한 요리예요. 채소나 햄·소시지·참치·오징어 같은 재료를 더하기도 하고, 계란 부침을 얹어 부족한 영양을 채우기도 해요.

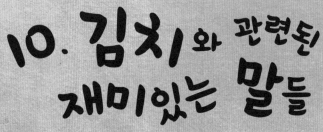

10. 김치와 관련된 재미있는 말들

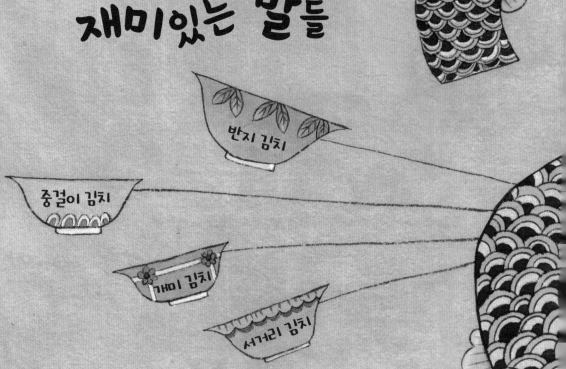

반지 김치

중걸이 김치

개미 김치

서거리 김치

김치는 주재료나 추가로 들어가는 재료에 따라 이름이 달라져요. 그
런데 재료를 떠올리기는커녕 정말로 "김치 맞아?" 하는 이름들도 있어
요. 이번에는 김치 같지 않은 김치의 별난 이름과 김치에 관련된 이야기
들에 대해 살펴봐요.

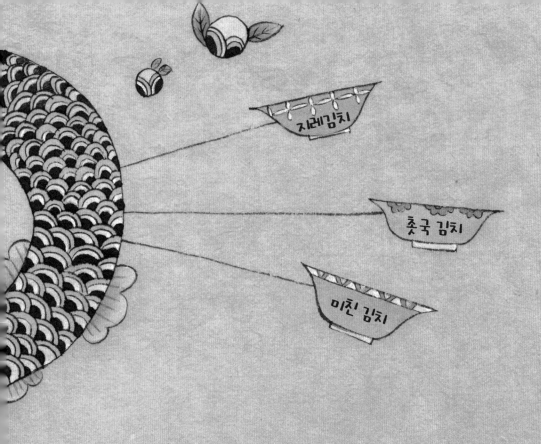

지레김치

촛국 김치

미친 김치

개미로 만든 김치

전라남도 장흥에는 이름이 좀 꺼림칙한 김치가 있어요. '개미 김치'라는 것인데, 아무리 들여다봐도 개미는 보이지 않아요. 이 김치에는 키조개가 들어가는데 아미노산과 칼슘이 풍부하지요. '개미'란 '맛있다'는 뜻으로, 전라도 지방에서 쓰는 토속어예요.

강원도에는 서거리 김치가 있어요. 김치를 먹으면 눈을 밟을 때처럼 서걱거리는 소리가 나서 붙은 이름일까요? 아니면 설익은 채로 먹는다고 해서 붙은 이름일까요? 땡! 서거리는 '아가미덮개'를 뜻하는 강원도 사투리로, 소금에 절인 명태 아가미를 넣고 담근 깍두기를 말해요.

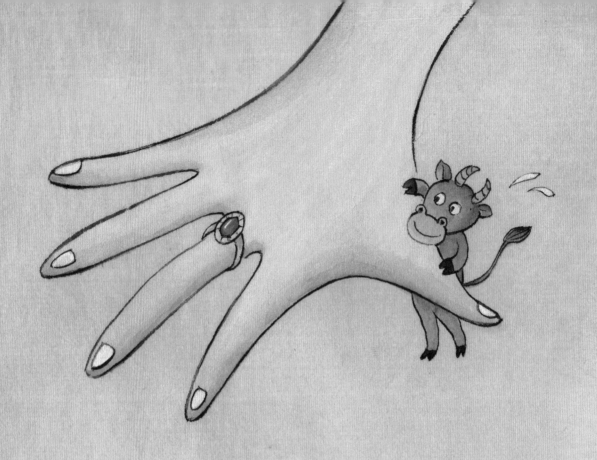

김치에 반지를 왜 넣어?

김치는 담그는 방법에 따라서도 달리 부르기도 해요. 배추나 상추, 무를 살짝 절여서 곧바로 무쳐 신선한 양념 맛으로 먹는 김치를 '겉절이', 채 썬 무를 김치 양념으로 버무려 먹는 것은 '생채', 넓적하고 큼직하게 썬 무와 배추를 소금에 절인 후 김치 양념으로 버무려 담근 김치는 '섞박지', 무를 통째로 또는 썰어서 국물을 흥건하게 부어 담근 하얀 물김치를 '싱건지', 절인 배추에 온갖 과일과 채소, 해산물을 넣고 고춧가루로 연분홍빛을 낸 쇠고기 육수를 자박자박하게 부어 담근 김치를 '반지'라고 해요. 그리고 가을에 거둔, 중간쯤 자란 배추로 담근 김치를 '중걸이 김치'라고 한답니다.

김치가 미쳤다!

김치는 담그는 시기에 따라 붙는 이름이 따로 있어요. 김장 김치가 익기 전에 먹기 위해 담그는 김치를 '지레김치'라고 해요.

김치를 막 담가 신선한 양념 맛이 배어 있다가 이제 막 맛있게 익어 가는 중간 단계로, 김치가 이 맛도 아니고 저 맛도 아닌 상태를 '미친 김치'라고 해요. "김치가 익으려고 미쳤다."라고 하지요.

김치가 너무 익어서 마치 식초처럼 신맛이 강해지면 "김치가 촛국이 됐다."고 하며 이를 '촛국 김치'라고 해요.

'묵은지'는 해를 넘긴 김장 김치로, 땅속에 묻어 둔 김장독에서 자연 발효된 묵은 김치를 말해요. 잘 숙성되어 김치의 깊은 맛이 잘 보존된 상태지요.

김치움

요즘에는 시골에서도 김치를 담가 김치냉장고에 넣어 두고 먹는 것을 흔히 볼 수 있어요. 하지만 김치냉장고가 없던 시절에는 위생적으로 김치를 보관하고 김치가 얼지 않도록 하기 위해 '김치움'을 만들어 김칫독을 보관했어요.

김치움은 먼저 김칫독을 묻을 구덩이를 파야 해요. 구덩이의 깊이는 지역마다 조금씩 달라요. 날씨가 추운 평안도와 함경도 지방은 김칫독 자리를 독보다 조금 넓게 파고 독을 묻은 다음, 김치가 얼지 않도록 남은 공간에 볏짚을 두둑하게 넣어요. 날씨가 덜 추운 곳에서는 김칫독의 3분의 2 정도를 묻을 수 있게 구덩이를 파서 묻어요.

구멍을 판 다음에는 판자로 뼈대를 만들어 그 위에 가마니나 볏짚 또는 천으로 된 마대를 겹겹이 쌓은 후 김칫독 입구만 남겨 두고 흙으로 묻어요.

김치냉장고가 없는 북한에서는 아직까지도 김치움을 만들어 사용하고 있어요. 1990년 이후 먹을 것이 부족해지자 김치를 도둑맞는 일까지 벌어졌는데, 김치움에 자물쇠를 달아 놓거나 아예 묻지 않고 베란다에 두고 먹기도 한대요.

광해군과 궁비의 김치 판서 이야기

판서란 오늘날 장관급에 해당하는 고려와 조선 시대의 벼슬이에요.

그런데 조선 제15대 임금인 광해군이 김치 판서가 됐다니 어찌 된 일일
까요?

광해군은 성실하고 과감한 결단력으로 나라를 이끌었지만, 양반들
이 서로 파를 나누어 정치 싸움을 해 대는 통에 판단이 흐려져 형과 아
우를 죽이고, 계모인 인목 대비를 내쫓는 등 좋지 않은 일에 휘말린 인
물이에요. 후에 다시 궁으로 돌아온 인목 대비에 의해 폐위된 불운의
왕이기도 하지요.

광해군은 왕위에서 쫓겨나 강화도를 시작으로 몇몇 곳에서 유배 생
활을 하다가 제주도로 옮겨 가게 됐어요. 그때 궁에서 딸려 보낸 계집

김치 판서
잡채 참판!

종 하나가 광해군의 말을 잘 듣지 않았어요. 어느 날 광해군이 꾸짖자, 계집종은 대들며 이렇게 말했대요.

"영감이 임금으로 있을 때 온갖 관청이 다달이 금품을 올려바쳤는데, 이제는 무엇이 부족하여 염치없는 더러운 자들에게 반찬까지 달라 하여 심지어는 '김치 판서, 잡채 참판'이라는 말까지 듣고 계시오. 영감께서는 사직(나라를 처음 세울 때 제사 지내던 토지와 곡식을 맡아 다스리는 신)을 삼가 받들지 못하여 나라가 이 지경에 이르게 됐는데, 이

섬에 들어온 후에 도리어 나를 꾸짖으며 삼가 모시지 않는다 하니 속으로 부끄럽지 않소? 영감께서는 스스로 잘못해 왕의 자리에서 쫓겨났지만, 우리는 무슨 죄로 이 가시덩굴 속에 갇혀 있어야 하오?"

이에 광해군은 고개를 숙인 채 한마디 말도 못 하고 눈물만 뚝뚝 흘렸대요.

봉림 대군과 김치

서울 종로구 동숭동에 있는 낙산 공원에 가 보면 팔각정 옆에 안내판이 하나 있고 '홍덕이 밭'이라는 작은 밭이 있어요.

조선의 제17대 왕인 효종이 왕이 되기 전인 봉림 대군 시절, 병자호란 때문에 중국 심양에 볼모로 잡혀갔어요. 그때 같이 따라간 홍덕(弘德)이라는 이름의 나인이 정성스레 채소를 가꾸어 김치를 담가 매일같이 봉림 대군의 밥상에 올렸대요. 후에 봉림 대군은 볼모에서 벗어나 다시 조선으로 돌아왔는데, 심양에서 먹던 홍덕이의 김치 맛을 잊지 못해 낙산 중턱의 채소밭을 홍덕이에게 주어 김치를 담그게 했다고 해요.

11. 김치와 관련된 속담

수천 년 동안 우리 민족과 함께해 온 김치는 속담에서도 그 쓰임이 잘 나타나고 있어요. 못난 사람은 제때에 익지 않아 맛없는 김치로, 어리석은 행동은 김치와 찰떡궁합인 음식과 함께, 하찮고 못난 사람이나 그 행동거지는 김치를 먹고 남은 김칫국으로 비유하기도 해요.

> **"열무김치 맛도 안 들어서 군내부터 난다"**

엄마야!

사람이 어른이 되기도 전에 못된 버릇부터 배워 바람을 피우는 경우를 비꼬는 말이에요. 실제로 열무김치는 완전히 익지 않으면 군내가 나서 먹을 수가 없어요. 여기서 덜 익은 열무김치는 어른답지 않게 못된 버릇만 든 사람을 뜻해요.

"떡 줄 사람은 꿈도 안 꾸는데 김칫국부터 마신다"

해 줄 사람은 생각지도 않는데 미리부터 다 된 일로 알고 행동한다는 말이에요. 우리의 전통적인 먹을거리인 떡은 김치와 먹으면 목이 메지도 않고 쉽게 질리지도 않아요. '떡' 하면 '김치'를 떠올릴 정도로 서로 궁합이 잘 맞지요. 비슷한 말로 "떡방아 소리 듣고 김칫국 찾는다", "앞집 떡 치는 소리 듣고 김칫국부터 마신다" 가 있어요.

꼴깍!

"김칫국 먹고 수염 쓴다"

시시한 일을 해 놓고 큰일을 한 것처럼 으스대거나 하잘것없는 사람이 잘난 체하는 것을 비유적으로 이르는 말이에요.

"젓가락으로 김칫국을 집어 먹을 놈"

어리석고 변변치 못하여 어처구니없는 짓을 하는 사람을 뜻하는 말이에요.

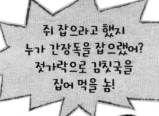

쥐 잡으라고 했지
누가 간장독을 잡으랬어?
젓가락으로 김칫국을
집어 먹을 놈!

김치는 일 년 내내 먹어야 하는
중요한 먹을거리이면서도 그만큼
흔하게 먹는 음식이고, 매 끼니마다
밥상에 오르는 반찬이기도 하지요.
그런 김치를 먹고 남은 김칫
국이라니 그만큼 하찮고 어리
석은 사람 또는 행동을 뜻해요.

"양반 김칫국 떠먹듯"

아니꼽게 점잔을 빼는 사람을 보고 하는 말이에요.

"나그네 먹던 김칫국도 먹자니 더럽고 남 주자니 아깝다"

자기에게 소용이 없으면서도 남에게는 주기 싫은 인색한 마음을 비
유적으로 이르는 말이에요.

"미랭시 김칫국 흘리듯 한다"

목숨만 붙어 있을 뿐 사람 구실을 하지 못하는 이가 김칫국을 질질

흘리며 마시듯 한다는 뜻으로 지
저분하게 질질 흘리는 모양을 비
유적으로 이르는 말이에요.

이 삼복더위에 '김칫국 채어 먹은 거지 떨듯' 하고 있어!

"김칫국 채어 먹은 거지 떨듯"

추워… 추워!

남들은 그다지 추워하지 않는
데 혼자 추워서 덜덜 떨고 있다는
말이에요.

"꺼내 먹은 김치독 (같다)"

북한 속담으로 텅 비고 아무것도 없는 것을 비유
적으로 이르는 말로, 자기 구실을 다하여 쓸
모없게 된 물건을 뜻하기도 해요. 다른 반
찬이 없어도 김치만 있으면 맛있게 밥을
먹을 수 있는데, 김치마저 다 꺼내 먹
고 빈 김칫독뿐이라면 한숨이 나오
겠지요. 굶주리는 사람이 많은 북
한의 현실이 참
으로 안타까
울 따름이네요.

배고파.

12. 외국인들은 왜 한국에서 난 재료들을 찾을까?

신토불이,
한국 맛 김치를 위해서
한국 재료를 써야 제맛이 나지요!

한국 음악이 세계의 젊은이들에게 큰 인기를 얻으면서 채소 반찬이 풍부한 한식이 주목을 받고 있어요. 특히 김치의 매력에 빠져 김치를 직접 만들어 먹기도 하고 만들어서 파는 외국인이 늘고 있어요. 그들은 배추·소금·고춧가루 등 김치에 사용되는 재료를 구하기 위해 우리나라를 방문하곤 해요.

신토불이

국산 재료가 최고야!

최근 방사능 유출이다, 유전자 조작이다 하여 안전한 먹을거리에 대한 관심이 늘면서 가공식품에 몸에 좋지 않은 첨가물이 있지 않는지, 청정 지역에서 자란 것인지, 국산인지 꼭 확인하는 사람이 늘고 있어요. 자주 밥상에 오르는 두부만 해도 '국산 콩 100퍼센트'라면서 '국산'임을 강조하는 게 마치 유행이라도 된 듯하지요.

왜 다들 '국산' 재료를 선호하는 것일까요? '신토불이'라는 말의 뜻을 아나요? 신토불이란 몸과 땅은 둘이 아니고 하나라는 뜻으로, 자기가 사는 땅에서 나온 농산물이 체질에 잘 맞음을 이르는 말이에요. 특히 전통 음식을 만들 때는 국산 재료를 써야 제맛이 난다고들 해요.

*신토불이 : 우리 몸엔 우리 농산물

미네랄이 풍부한
국산 천일염

천일염

김치를 만들 때 국산 재료를 써야 좋은 분명한 이유가 있어요. 우선 배추를 절이고 간을 맞추는 소금에 대해 살펴봐요.

우리나라 서해안과 남해안은 밀물과 썰물의 차이가 크고 경사가 완만하며 미네랄이 많이 포함된 질 좋은 갯벌에서 소금을 만들기 때문에 중국이나 일본, 멕시코 등지에서 생산되는 소금보다 짠맛은 적으면서도 몸에 좋은 미네랄이 풍부해요. 특히 칼슘과 마그네슘의 함량이 세 배 정도 높아요.

수입 소금은 안 돼!

국산 천일염은 영양 면에서뿐만 아니라 김치 맛에서도 수입 소금과 큰 차이가 있어요. 수입 소금을 쓰면 젖산 발효 과정이 더딘 반면 초산 발효 과정이 빨리 진행되기 때문에 김치가 금방 시어지고 물러지며 쓴

맛이 나요. 쓴맛이 나는 이유는 수입산 소금이 국산 소금보다 짠맛을
내는 염도가 높기 때문이에요.

그리고 수입산 소금에는 청산가리의 일종인 페로시안나이드가 첨가
되어 있어요. 소금 알갱이들이 서로 엉겨서 굳어지는 것을 막기 위해
넣는데, 소금을 먹어 봤을 때 톡 쏘는 맛이 난대요. 일본의 경우 법으
로 규정해 페로시안나이드의 양을 제안하고 있지만, 몸에 해로운 물질
임은 분명해요.

수분이 많은 배추는 자격 미달

요즘에는 중국 배추가 많이 들어와 저렴한 가격으로 국산 배추의 자
리를 빼앗으려 하지만, 김치 맛은 분명 다르답니다. 그 이유는 배추를
심는 토양과 재배 방법이 다르기 때문이에요.

배추 재배 면적이 넓어 물 관리가 어렵네….

중국 배추와 일본 배추는 국산 배추와 달리 수분이 많아서 김치를 담그면 국물이 많이 생겨 맛이 들지 않고, 쉽게 물러져 오래 저장할수록 맛이 떨어져요. 아삭거리는 씹히는 느낌이 부족해 맛있게 느껴지지도 않지요.

땅이 넓은 중국에서는 배추 재배 면적도 넓어서 물 관리를 적절하게 하기 어려워 한꺼번에 물을 많이 주는 방식으로 키워요. 또 배추를 판매하기 전에 배추밭에 지나칠 정도로 물을 듬뿍 주어 순간적으로 배추의 무게를 늘리는 경향이 많지요.

일본은 비가 많이 오기 때문에 국산 배추보다 30~50퍼센트 정도 수분이 더 많고 섬유질은 더 적어요. 그래서 배추를 소금에 절이면 많은 수분이 빠져나오면서 채소의 생기가 거의 사라지고 마치 삶아 놓은 것처럼 돼요.

비가 많이 오니 배추에 수분이 많을 수밖에….

윤기가 흐르는 붉은빛을 내는 국산 고추

김장철만 되면 뉴스에서는 중국산 고춧가루가 국산으로 둔갑되어 비싼 값에 팔려 나간다는 보도가 자주 나옵니다. 이는 중국산이라고 해서 무조건 나쁘다는 게 아니라 국산 고춧가루의 가격이 더 비싸서 중국산을 국내산이라고 속이기 때문에 문제가 되는 것이지요.

텔레비전에서 보면 외국인들이 우리나라 음식을 먹고 엄청 맵다며 물을 찾는 경우가 많아요. 그래서 외국 사람들은 고추를 즐겨 먹지 않나 보다 하지요.

의외로 헝가리, 스페인 사람들도 고추를 즐겨 먹어요. 전 세계에서 소비되는 양의 3분의 1은 인도의 한 마을에서 재배되지요. 인도네시아와 태국의 고추는 우리나라 것보다 훨씬 맵답니다.

우리나라에서 생산되는 고추는 다른 나라의 것에 비해 3분의 1 정도 덜 매우면서도 두 배나 더 붉어요. 그래서 김치를 담그면 윤기가 흐르고 먹음직스러운 붉은빛을 띠지요. 비타민 C도 두 배나 많아요. 단맛 성분은 매운맛에 비해 1.2~1.5배 정도 더 많고요.

13. 김치의 현재와 미래

우리나라 사람에게는 아무렇지 않은 김치 냄새가 외국인들에게 고약하게 느껴지는 이유는 김치에 넣은 마늘·파·젓갈 등이 발효되면서 묘한 냄새를 풍기기 때문이에요. 하지만 장 건강과 다이어트에 좋은 섬유질이 많고, 여러 가지 유익한 균과 아미노산, 각종 비타민·무기질·미네랄이 풍부하며 항암 작용 등 각종 질병에 효과가 있다는 김치는 세계 5대 건강식품의 하나로 선정됐어요.

김치는 'Kimchi'

김치가 세계적으로 처음 인정을 받은 것은 1966년 8월 폴란드의 바르샤바에서 열린 제2회 국제 식품 이공학회에서예요. 그때 한국 김치의 영문 표기가 'Kimchi'로 정해졌어요. 더불어 처음으로 논의를 거쳐 김치에 대한 정의가 내려졌지요.

기무치가 될 뻔한 김치

일본은 예로부터 다른 나라의 문물을 받아들여 자기네 문화에 맞게 잘 변형시켜 왔어요. 특유의 정교함과 깔끔함을 살려 원래 일본의 것처럼 느껴지도록 탈바꿈시키는 재주가 있지요. 심지어 그것을 누구나 쉽게 좋아할 수 있도록 만들기도 해요.

우리의 김치도 2000년 들어 '기무치'가 될 뻔했어요. 기무치는 김치의 일본식 발음이에요. 당시 김치가 외국 시장에서 인기가 높자 일본은 자기네들이 김치의 종주국이라며 우리나라의 김치와 유사하게 만들고 그들이 싫어하는 매운맛과 비린내를 없애고 좋아하는 단맛을 더해 '기무치'라고 했어요.

김치와 기무치는 달라

김치와 기무치는 본질적으로 큰 차이가 있어요. 김치는 엄연한 발효 식품으로 발효 과정에서 저절로 유산균이 생기고 각종 양념이 어우러지면서 매콤 새콤하면서도 시원한 맛이 나지요. 반면 기무치는 마늘과 젓갈을 사용하지 않고, 고춧가루는 적게 쓰

며, 일본인들이 좋아하는 단맛과 화학조미료로 양념해 억지로 신맛을 낸 '김치 맛 무침'이에요. 한마디로 기무치는 발효 과정을 거치지 않아 '익은 맛', '삭은 맛' 같은 김치 특유의 깊은 맛이 없어요. 물론 발효 과정에서 얻을 수 있는 건강에 이로운 효능도 없어요. 이처럼 김치와 기무치는 완전히 다른 음식이에요.

김치와 기무치의 대결

국제 식품 규격 위원회에서 정의한 김치는 "주원료인 절임 배추에 여러 가지 양념류(고춧가루, 마늘, 생강, 파 및 무 등)를 혼합하여 제품의 보존성과 숙성도를 확보하기 위해 저온에서 젖산 생성을 통해 발효된 제품"이에요. 이에 따라 2001년 7월 일본의 기무치를 누르고 우리의 '김치'라는 이름으로 국제 식품 규격을 인정받았어요.

지금은 다른 국가들도 'Kimchi'라는 이름으로 제품을 만들

어 국제적으로 판매를 하려면 한국 전통 김치의 특성에 따라 김치를 담가야 해요.

하마터면 일본의 기무치에 밀려 김치 종주국으로서 그 위상을 잃을 뻔했어요. 하지만 일본이 김치를 하나의 음식 문화로 뿌리 내릴 수 있게 큰 기여를 했고, 우리보다 먼저 김치의 세계화를 위해 노력했다는 점에서 감사의 마음을 가짐과 동시에 반성도 해야겠어요.

김치 체험 관광

KIMCHI

주원료 : 절임 배추

양념류 : 고춧가루, 마늘,
        생강, 파, 무.

방식 : 저온에서 젖산
      생성을 통해
      발효시켜야 함.

김치의 정의

김치 종주국으로서의 위상

국제 식품 규격 위원회에서 우리의 김치
가 제자리를 확고히 찾은 후부터 기무치의
맛에 익숙해진 일본 사람들도 김치의 깊은 맛을
알게 됐어요. 일본에서 아직은 기무치가 더 많이 팔리
고 있지만, 점점 한국식 김치의 판매량이 늘고 있으며,
마늘과 젓갈 냄새가 나는 김치를 맛보고 배우기 위해
우리나라를 찾는 일본인이 많이 늘고 있어요.

최근 자료에 따르면 일본인의 84퍼센트가 기무치보다는 김치를 더
좋아하고, 일본 자위대 소속의 육상 선수들은 반드시 김치를 먹는다고
해요. 심지어 김치에 푹 빠진 마니아들 사이에서는 한국 김치가 최고급
김치 대접을 받는다고 하니 우리 김치의 우수함에 대해 다시 한 번 생
각해 보게 합니다.

'한국' 하면 '김치'

한국에 유학 온 외국인 학생들은 '한국' 하면 '김치'를 떠올린다고 해
요. 대부분 한류를 배우고자 한국 유학길에 올랐다가 김치에 깊은 인
상을 받은 것이죠. 처음에는 맵고 강한 마늘 향에 거리감을 느끼다가도
아삭아삭한 씹히는 맛에 반해 김치를 즐겨 먹는 사람이 늘고 있어요.

특히 외국인들을 대상으로 하는 김치 만들기 체험은 외국인 관광객들의 인기 관광 코스라고 해요.

김치 지수

빅맥은 전 세계적으로 유명한 미국의 다국적 기업인 맥도날드의 햄버거예요. 그런데 이 빅맥으로 각 나라의 화폐 가치를 평가하지요. 이를 '빅맥 지수'라고 해요.

예를 들어 빅맥을 프랑스나 미국이나 우리나라에 똑같은 가격으로 팔았을 때 상품의 가격은 같지만, 각 나라별로 물가가 다르기 때문에 그 가치는 다릅니다. 다시 말해 그 물가 차이를 빅맥이라는 상품을 기준으로 지수화한 거예요. 빅맥 지수가 921일 때 환율이 950으로 빅맥 지수보다 높다면 그만큼 우리나라의 화폐 가치가 낮아 다른 나라 사람들보다 빅맥을 비싸게 사 먹는다는 뜻이지요.

이제 곧 '김치 지수'가 '빅매 지수'를 대신할 거야.

그런데 미국의 유명한 경제 잡지에서 앞으로는 세계인의 입맛을 사로
잡고 있는 김치찌개 가격으로 지수를 가늠하는 '김치 지수'가 빅맥 지수
를 대신할 거라며 소개했다고 해요.

햄버거와 피자에 밀린 김치

세계적으로 김치를 먹는 사람이 늘고 있는 반면, 정작
우리나라에서는 고기 위주의 식생활과 피자, 햄버거 같은 패
스트푸드, 즉석식품을 즐겨 먹는 사람이 늘
면서 김치의 소비량이 줄고 있어요.

하루 섭취량이 30년 전
에 비해 반밖에 되지 않
을 정도로 김치의 인기가 시들해
지고 있지요. 외국 사람들은 건
강을 위해 김치를 찾는데, 우리
는 반대로 몸이 상하든 말든
입맛에 자극적인 음식만 찾고
있으니 안타까울 따름입니다.

니하오

우리의 식탁을 넘보는 중

국산 김치

현재 세계 김치 시장은 원재료비와 인건비가 저렴해 가격
이 싼 중국 김치가 우리 김치를 제치고 주도하고 있어요. 심지어 우리나
라에서도 전체 소비량의 13퍼센트를 중국 김치가 차지할 정도로 무섭

게 우리 김치를 따라잡
고 있지요.

김치버거

  하지만 중국산 김치는 김치 속
에 무채는 거의 없고 고추씨가 많이
들어 있어서 뒷맛이 개운하지 않고 텁
텁한 맛이 나요. 고춧가루 빛깔이
유난히 빛나기만 할 뿐 상큼한
신맛이 나지 않고 강한 신맛이 나서 우리
의 김치 맛에 비할 바가 아니지요.

김치 샌드위치

김치 주스

활개를 펴는 김치 산업

  많은 기업이 김치 산업을 활성화하기 위해
세계 시장으로 눈을 돌려 외국인의 입맛을 사
로잡기 위해 노력하고 있어요. 김치버거뿐만 아
니라 김치 피자, 김치 아이스크림, 김치 샌드위
치, 김치 주스 등 외국인들도 김치를 즐길 수 있
도록 다양한 메뉴를 개발하고 있어요. 또 면역력
을 키우고 항암 작용을 하는 김치의 유산
균을 연구하여 다양한 건강 기능성 제
품이 속속 나오고 있어요.

김치
아이스크림

김치 피자

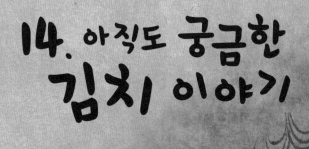

14. 아직도 궁금한 김치 이야기

한 나라의 문화를 가장 잘 드러내는 것은 음식이에요. 우리에겐 김치가 그것이지요. 특히 김치는 다른 음식과의 관계 속에서 제맛을 더욱 발휘한답니다. 떡, 고구마, 밥, 고기 같은 음식을 먹을 때 김치 한 조각 먹었으면 좋겠다 싶은 생각이 드는 것만 봐도 알 수 있어요.

김치와 절임 식품이
다른 이유

김치는 반드시 발효 과정을 거치지
만, 절임은 발효 과정 없이 오랜 시간 절이기만 한 것이
므로 발효 식품 특유의 맛이 없이 대부분 짠맛이 나요.

파, 마늘 없는 산사의 김치

스님들이 불상을 모시고 불교의 도리를 몸과
마음으로 수련하는 절에서는 김치를 담글 때 파·마
늘·달래·부추 같은 매운 향이 나
는 양념을 쓰지 않아요. 예
로부터 자극이 강한 음식은
기운을 탁하게 하고 정신을 흐트러뜨려 수행하
는 데 방해가 된다고 생각해서 삼갔어
요. 또 살생을 금지하는 불교의 도
리에 따라 생선으로 만드는

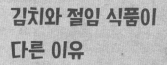

매운 양념X
생선 절임X 담백한 김치!

젓갈도 쓰지 않지요. 대신 잣, 들깨, 땅콩을 갈거나 호박, 밀가루로 죽을 쑤거나 보리밥 또는 감자 삶은 물을 넣어 담백한 맛을 내요.

조상에게도 김치를

정성스럽게 마련한 음식으로 신에게 기원을 드리거나 돌아가신 선조를 추모하는 제사를 지낼 때도 김치는 빠지지 않아요. 마을 풍속과 가

제사상에는
고추 뺀 김치를!

문의 전통에 따라 조
금씩 다르기는 하지
만, 제사상에 김치를
올릴 때는 익히지 않은
국물이 없는 김치를 올리

110

는 것이 특징이에요.

원래는 김치가 매우 귀한 음식이라서 일반 백성들은 올
릴 수 없었고, 궁중에서만 네 가지의 김치를 올렸어요. 지
금처럼 어느 집이든 제사상에 김치를 올리게 된 것은 조선
시대 후기에 비롯됐대요. 불교에서 올리는 제사에도 김치
를 올리는데, 고춧가루나 실고추를 사용하지 않아요.

임금님은 어떤 김치를 먹었을까?

대체로 서울 김치와 비슷한데 재료가 더 풍성한 게 특
징이에요. 특히, 당시 민가에서 찾기 힘든 유자 같은 재료
로 독특한 맛을 냈어요. 신선한 해물을 사용하여 김치를
담그기도 했어요.

궁중에서는 김장을 할 때 보통 1,000여 통씩 담갔는데,
주방 상궁뿐만 아니라 바느질 일을 맡은 침방 상궁과 옷이
나 침구에 수를 놓는 일을 담당한 수방 상궁까지 동원해
도 열흘 정도 걸렸다고 해요.

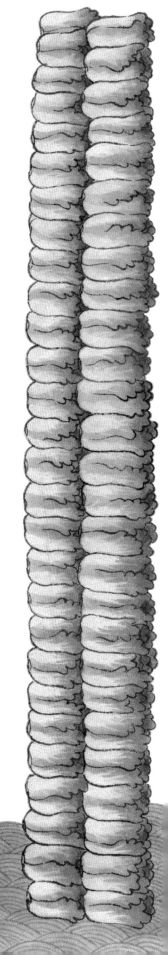

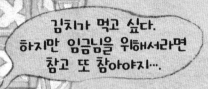

김치가 먹고 싶다.
하지만 임금님을 위해서라면
참고 또 참아야지….

김치를 먹을 수 없는 내시

임금을 가까이에서 모시는 내시들은
김치를 먹을 수 없었어요. 입에서 김치에 들
어간 마늘이나 파, 젓갈 냄새를 풍겨 임금님이 불
쾌해하지 않도록 하기 위해서였대요.

오이를 푸르게

오이를 소금에 절이면 색깔이 변하는데, 이때 녹슨 동전이나 놋수저
를 닦은 수세미를 넣어 두면 오이의 푸른색이 변하지 않고 유지돼요.
동전과 놋수저의 구리 성분 때문에 선명한 초록빛을 띠는 거예요.

박물관에 전시된 청동(구리) 유물을 보면 초록빛을 띠는데, 청동은
충격에 약한 구리를 강하게 만들어 사용하기 위해 구리에 알루미늄, 납

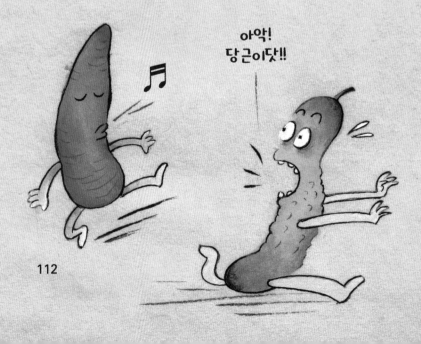

아약!
당근이닷!!

을 넣어 만든 거예요. 구리가 녹이 슬면 초록빛을 띠기 때문에 옛 유물들이 푸른빛을 띠는 거랍니다.

또 오이가 들어간 김치에는 당근을 넣지 않는데, 당근은 오이의 비타민을, 오이는 당근의 비타민을 파괴하기 때문이에요. 대신 당근보다는 붉은 고추를, 오이보다는 풋고추를 넣어 영양소를 파괴하지 않으면서도 색색이 보기 좋게 김치를 담그는 것이 좋아요.

김치를 독에 담는 방법

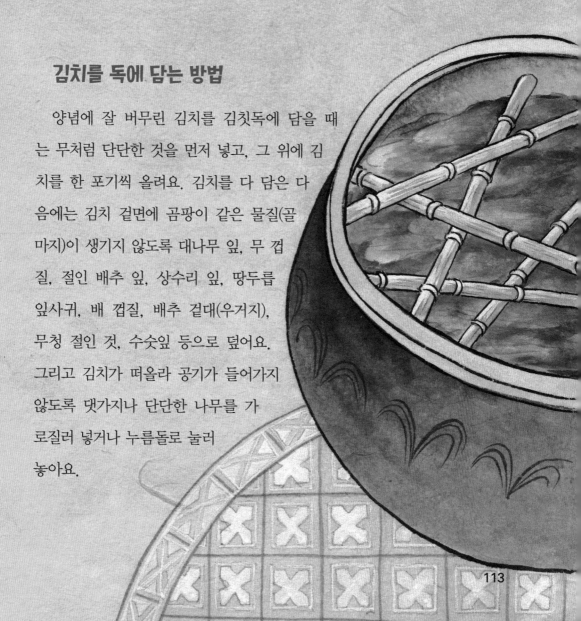

양념에 잘 버무린 김치를 김칫독에 담을 때는 무처럼 단단한 것을 먼저 넣고, 그 위에 김치를 한 포기씩 올려요. 김치를 다 담은 다음에는 김치 겉면에 곰팡이 같은 물질(골마지)이 생기지 않도록 대나무 잎, 무 껍질, 절인 배추 잎, 상수리 잎, 땅두릅 잎사귀, 배 껍질, 배추 겉대(우거지), 무청 절인 것, 수숫잎 등으로 덮어요. 그리고 김치가 떠올라 공기가 들어가지 않도록 댓가지나 단단한 나무를 가로질러 넣거나 누름돌로 눌러 놓아요.

김장 품앗이

예로부터 우리나라에는 새로이 지붕을 올리거나 모내기를 하거나 추수를 하거나 메주 담그는 등 힘이 많이 드는 일이 있을 때 이웃끼리 서로 돕는 매우 아름다운 미풍양속이 있어요. '품앗이'가 그것이에요. 품앗이의 '품'은 어떤 일을 할 때 드는 힘이나 수고, '앗이'는 일을 해 주고 도로 일로써 갚는다는 뜻이에요. 다시 말해 품앗이는 일을 도와주고 돈 대신 다시 일로 갚는 것이지요.

김장을 할 때도 예외는 아니에요. 한겨울 내내 먹어야 할 김치를 담그는 일이기 때문에 적게는 수십 포기에서 수백 포기까지 배추와 무를 다듬고 절이고 양념을 무쳐야 하므로 보통 힘든 일이 아니랍니다. 이때 품앗이로 수고를 덜 수 있어요. 품을 빌리는 집에서는

음식을 마련해 자기 집안일을 돕는 이웃들의 끼니를 해결해 주고, 다음 김장할 집에 일로써 갚지요. 이러한 김장철의 품앗이는 동네 사람들이 서로 친해지고 가까워지는 계기가 되어 단합하는 데도 한몫했어요. 여러 사람의 손맛이 들어가다 보니 동네의 김치 맛이 비슷해져 향토 김치가 발달하기도 했지요.

요즘에는 식구가 많지 않아 김장을 많이 하지 않거나 김치냉장고가 있어서 조금씩 김치를 담가 먹게 되면서 김장 품앗이를 하는 곳이 많지 않아요. 그러나 사랑과 나눔을 실천하는 단체들은 김치 품앗이로 많은 양의 김치를 담가 홀로 사는 노인들이나 생활이 어려운 가정에 나눠 주기도 해요.

다른 나라의 절임 음식

우리나라에 김치가 있다면 다른 나라에서는 오이나 양배추 같은 채소나 과일을 식초·소금·설탕·향신료를 섞은 액체에 절여서 먹어요. 절임 채소는 한 달 이상 보관이 가능하기 때문에 선원들이 오랫동안 항해해야 할 때 피클로 비타민을 섭취했어요.

일본의 절임 식품으로는 츠게모노(간장이나 된장, 식초, 쌀겨, 술지게미에 채소를 절인 음식), 후쿠진스케(무·가지·연근·오이를 잘게 썰어 간장 향이 나도록 절인 음식), 다쿠앙(단무지), 우메보시(매실 절임)가 있어요.

인도에서는 과일·채소·향을 내는 식물로 만든 '처트니'를 먹어요. 독일·헝가리·폴란드·불가리아 등 유럽의 여러 나라에서는 양배추를 썰어서 유산균으로 발효시킨 '사워크라우트'를 먹는데, 유산균으로 발효시킨다는 점에서 김치와 가장 비슷해요.

양식을 먹을 때 자주 나오는 오이 피클은 약 4,400년 전에 메소포타미아에서 처음 만들어 먹었다고 해요. 유대인들이 전통 방식으로 만드는 '코

우린 망고로도 피클을 만들어요.

서 딜'이라는 오이 피클은 우리나라의 오이지와 맛이 비슷하지요. 피클의 재료는 고추·양파·마늘·당근·무 등 다양한데, 인도와 동남아 일대에서는 망고로도 피클을 만들어 먹어요.

예절 바른 김치

예로부터 유교의 영향을 받아 예절을 중시해 온 우리나라는 김치를 상에 올릴 때도 예를 다했어요. 어른들이 드시는 상에는 김치의 뿌리나 잎 부분을 담지 않고 아삭하고 시원한 맛이 나는 중간 부분을 올렸어요. 보시기에 담을 때도 김치를 눕히지 않고 세워서 배추 속에 넣은 양념이 잘 보이도록 하여 입맛을 당기게 했답니다.

김치를 젓가락으로 집을 때는 김치를 뒤적이지 않고, 집어 든 김치는 다시 내려놓지 않았어요. 김치를 먹을 때는 여러 번 베어 물지 않았는데, 만일 김치가 너무 커서 한입에 먹지 못할 때에는 베어 물고 남은 부분을 자기 밥 위에 올려놓아 밥상을 같이한 사람에게 불쾌함을 주지 않도록 했어요.

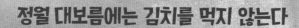

정월 대보름에는 김치를 먹지 않는다

해가 바뀌고 1월이 되면 모든 것이 새롭고, 이제 막
시작한 한 해를 잘 보내고 싶어 하는 마음이 커집
니다. 우리 조상들은 1월을 '정월'이라 하여
집안에 좋은 일이 생기기를 바라는 마음에
서 거의 한 달 동안 여러 가지 행사와 놀이를 했어요.
보름달이 뜨는 1월 15일이 되면 '정월 대보름'이라 하여 부스럼이 나

김치도 안 돼요.
논밭에 잡초가
무성해져요.

백김치도?

백김치도 안 돼요.
머리가 하얗게 된다고요.

동치미는
괜찮나요?

지 않고 건강하기를 바라며 이른 아침에 호두, 잣 같은 '부럼'을 자신의 나이만큼 깨 먹어요. 한여름 더위를 잘 이겨 내기 위해 아침에 처음 보는 사람에게 "내 더위 사가라."라고 하며 '더위팔기'도 하지요.

다섯 가지 이상 곡물을 섞어 지은 오곡밥을 비롯하여 무·호박·가지·고사리 등 말린 나물, 솔떡 등을 먹어요.

그런데 이날만큼은 김치를 먹지 않았어요. 깍두기, 김칫국도 전혀 입에 대지 않고, 음식을 조리할 때 고춧가루도 넣지 않았어요. 이는 김치의 신맛 때문이에요. 김치의 톡 쏘는 맛이 쐐기라는 벌레에 물린 것같이 아픈 피부병이 생기거나 풀쐐기나 벌에게 쏘이거나 발바닥에 가시가 배긴다고 하고 논밭에 잡초만 무성해진다고 믿었답니다.

백김치를 먹으면 머리가 하얗게 센다고 하고, 모내기할 모를 기르는 곳에 이끼가 낀다고 하여 동치미도 먹지 않았어요.

노인과 임산부들이 먹는 깍두기

숙깍두기 만드는 우리 효성이 지극한 며느리….

조선 시대에는 나라에 충성하는 애국심보다 부모를 잘 모시는 효를 더욱 중시했어요. 김치에도 이런 사상이 반영되어 잇몸과 소화 기능이 약해진 부모님을 위해 무를 삶아 만드는 숙깍두기를 담가 봉양했대요.

　　전통적으로 임산부는 태교를 할 때 몸가짐이나 행동, 말뿐만 아니라 음식에도 각별히 신경을 썼어요. 그 이유는 배 속의 아기는 정서적·심리적·신체적으로 어머니의 영향을 크게 받으므로 어머니가 말과 행동, 먹는 것, 입는 것 모두 조심하면 아이가 바르게 태어날 것이라고 믿었기 때문이지요. 그래서 임신부들이 먹을 깍두기를 담글 때는 무를 정사각형으로 반듯하게 잘라서 담갔다고 해요.

"너는 깍두기야!"

120

깍두기는 무를 네모나게 썰어 소금에 절인 후, 고춧가루 양념에 버무린 김치예요.

무슨 김치인고?

이 깍두기가 놀이에도 있다는 걸 아나요? 짝을 나눠서 편을 지어 하는 놀이에서 수가 맞지 않아 홀로 남은 친구를 '깍두기'라 해요. 이 깍두기 친구는 양쪽 편을 모두 오가며 놀이를 하지요.

원래 깍두기는 약 200년 전에 정조의 둘째딸인 숙선옹주가 임금에게 처음으로 깍두기를 담가 올려 칭찬을 받았다고 해요. 당시에는 깍두기가 아니라 '각독기'였지요. 한동안 궁중 음식이었던 이 김치는 후에 널리 퍼져 많은 사람이 즐겨 먹는 음식이 됐어요.

그런데 이 귀한 음식이 어찌하여 어느 쪽에도 끼지 못하는 사람을 대신하는 말이 됐을까요? 그 이유는 무김치를 담그거나 무를 양념으로 사용하기 위해 썰어 사용하고 남은 조각으로 깍두기를 담그는 경우가 많았기 때문이에요.

장독대가 그늘에 있는 이유

한국인의 밥상에서 가장 중요한 양념이자 반찬인 된장·간장·고추장·김치를 담은 항아리를 따로 두기 위해 조금 높이 만들어 놓은 곳을 장독대라고 해요. 요즘에는 마당이 있더라도 매우 좁거나 아파트나 연립 주택같이 마당이 없는 곳이 많아져서 시골이 아니면 볼 수 없게 돼 버렸지만, 예전에는 보통 부엌 뒷문 가까운 곳에 장독대를 두었어요.

흔히 장독대는 햇빛이 잘 비치지 않는 그늘에 둬요. 그 이유는 발효 식품을 보관하는 데 그늘이 좋기 때문이지요. 김치가 숙성할 때 생기는 유산균은 37도의 온도에서 가장 활발하게 활동하는데, 산소가 적은 곳을 좋아하고 그늘에서 잘 자라요. 그래서 김치를 맛있게 익히려면 공기가 통하지 않게 뚜껑을 잘 덮어 상온에 두면 돼요.

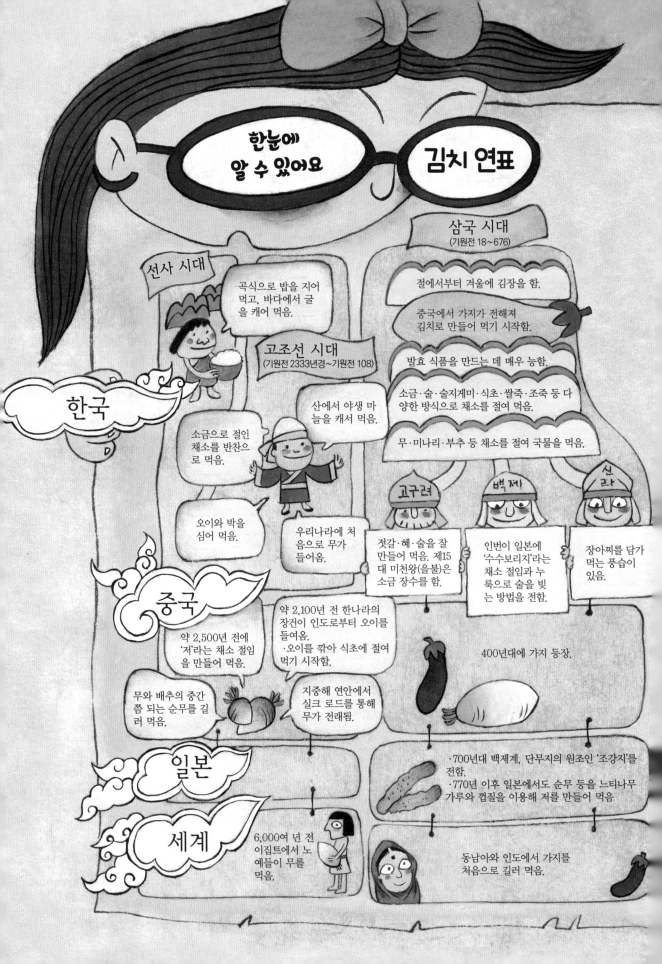

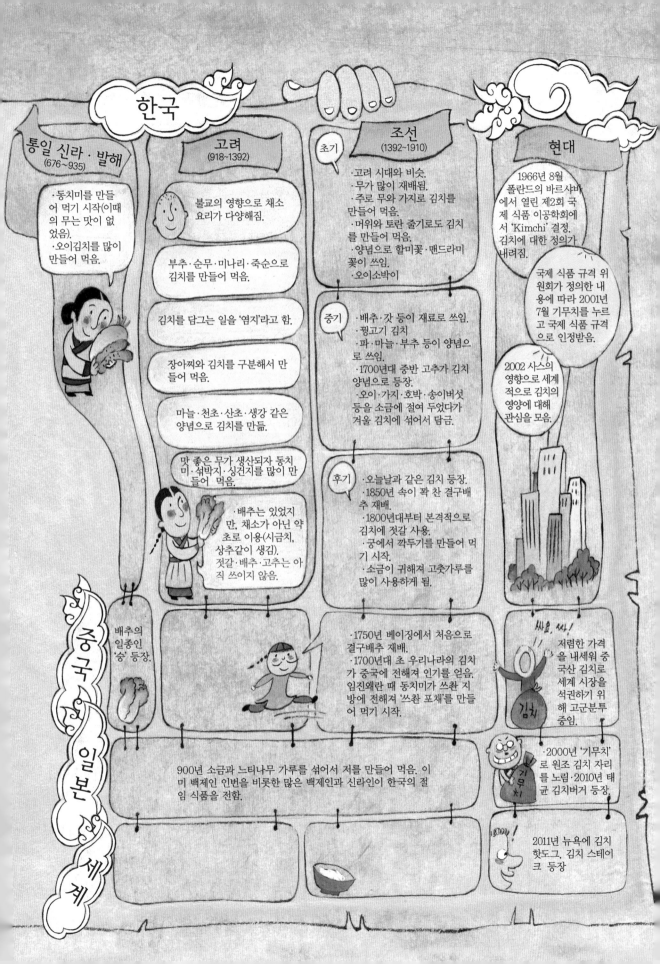

한국

통일 신라·발해 (676~935)

- 동치미를 만들어 먹기 시작(이때의 무는 맛이 없었음).
- 오이김치를 많이 만들어 먹음.

고려 (918~1392)

- 불교의 영향으로 채소 요리가 다양해짐.
- 부추·순무·미나리·죽순으로 김치를 만들어 먹음.
- 김치를 담그는 일을 '염지'라고 함.
- 장아찌와 김치를 구분해서 만들어 먹음.
- 마늘·천초·산초·생강 같은 양념으로 김치를 만듦.
- 맛 좋은 무가 생산되자 동치미·섞박지·싱건지를 많이 만들어 먹음.

· 배추는 있었지만, 채소가 아닌 약초로 이용(시금치, 상추같이 생김). 젓갈·배추·고추는 아직 쓰이지 않음.

조선 (1392~1910)

초기

- 고려 시대와 비슷.
- 무가 많이 재배됨.
- 주로 무와 가지로 김치를 만들어 먹음.
- 머위와 토란 줄기로도 김치를 만들어 먹음.
- 양념으로 할미꽃·맨드라미꽃이 쓰임.
- 오이소박이

중기

- 배추·갓 등이 재료로 쓰임.
- 꿩고기 김치
- 파·마늘·부추 등이 양념으로 쓰임.
- 1700년대 중반 고추가 김치 양념으로 등장.
- 오이·가지·호박·송이버섯 등을 소금에 절여 두었다가 겨울 김치에 섞어서 담금.

후기

- 오늘날과 같은 김치 등장.
- 1850년 속이 꽉 찬 결구배추 재배.
- 1800년대부터 본격적으로 김치에 젓갈 사용.
- 궁에서 깍두기를 만들어 먹기 시작.
- 소금이 귀해져 고춧가루를 많이 사용하게 됨.

현대

1966년 8월 폴란드의 바르샤바에서 열린 제2회 국제 식품 이공학회에서 'Kimchi' 결정. 김치에 대한 정의가 내려짐.

국제 식품 규격 위원회가 정의한 내용에 따라 2001년 7월 기무치를 누르고 국제 식품 규격으로 인정받음.

2002 사스의 영향으로 세계적으로 김치의 영양에 대해 관심을 모음.

중국 / 일본 / 세계

배추의 일종인 '숭' 등장.

·1750년 베이징에서 처음으로 결구배추 재배.
·1700년대 초 우리나라의 김치가 중국에 전해져 인기를 얻음. 임진왜란 때 동치미가 쓰촨 지방에 전해져 '쓰촨 포채'를 만들어 먹기 시작.

싸요, 싸! 저렴한 가격을 내세워 중국산 김치로 세계 시장을 석권하기 위해 고군분투 중임. 김치

900년 소금과 느티나무 가루를 섞어서 저를 만들어 먹음. 이미 백제인 인번을 비롯한 많은 백제인과 신라인이 한국의 절임 식품을 전함.

·2000년 '기무치'로 원조 김치 자리를 노림·2010년 태균 김치버거 등장. 기무치

2011년 뉴욕에 김치 핫도그, 김치 스테이크 등장

3 양념

김치는 간만 맞으면 맛이 있다고 할 정도로 온갖 재료가 조화를 이뤄 독특한 맛을 내요.

단맛

설탕보다는 배나 감 같은 자연의 단맛을 이용하면 김치의 맛이 시원하고 상큼한 단맛이 나며 건강에도 좋아요.

마늘과 생강

마늘과 생강은 방부제 역할을 해서 김치가 썩지 않게 해요.

금방 먹을 때는 맛이 있지만, 시간이 지나면 곰팡이나 먼지 같은 냄새가 나는 듯한 쿰쿰한 맛이 나므로 마늘은 너무 많이 넣지 마세요.

젓갈

젓갈은 국산 소금으로 담근 것으로 골라야 해요. 그래야 제맛이 나고 잘 삭아서 비리지 않아요.

조미료에 재운 젓갈은 익히면 김치에 윤기가 없고 볼품이 없어요.

쪽파와 갓

쪽파와 갓은 시원한 맛을 내요.

소금

김치는 저장했다가 먹는 것이므로 쉽게 무르지 않도록 약간 짜다 싶을 정도로 간을 해요.

간이 싱겁다고 소금을 더 넣지 마세요. 익으면 맛이 들기도 해요.

4 굴

굴은 금방 먹을 때는 맛이 있지만, 나중에 흐물흐물해져서 김치의 맛을 해치기도 해요.

5 담기

독에 김치를 담은 다음에는 우거지로 덮고 웃소금을 얹은 다음 돌멩이를 얹어요.

간이 익을 때 국물이 올라왔다가 내려가는데, 이때 김치가 뜨지 않고 공기가 닿지 않아야 곰팡이가 생기지 않고 잘 익어요.

곰팡이?

한눈에 알 수 있어요 : 김치의 과학과 영양

무와 배추에 소금 뿌림

성분

소금의 칼슘, 마그네슘, 칼륨

· 몸에 나쁜 미생물이 살지 못하게 함.

· 김치를 썩지 않게 함.

· 채소의 숨 쉬는 세포를 죽여 그 안에서 몸에 좋은 미생물과 각종 효소들이 활발하게 서로 도울 수 있게 함(삼투압).

· 채소 조직을 단단하게 해 아삭아삭 씹히는 질감을 만들어 줌.

· 짭짤한 맛으로 밥맛을 더욱 좋게 함.

양념 속 무와 설탕

성분

무에 항암 물질

· 무와 설탕의 당분은 김치가 발효되는 양분, 김치 속에 남아 있는 산소와 어울려 포도당이 되고, 그 과정에서 이산화탄소가 생김. 이산화탄소는 톡 쏘는 맛과 시큼한 냄새, 김칫국 속 거품을 만듦.

· 약간의 알코올 성분, 에스테르 성분(몸속 나쁜 물질을 배출).

· 김치의 신맛을 이루는 젖산과 초산 같은 각종 유기산(유산균)이 만들어짐.

젓갈

성분 아미노산과 각종 무기질, 철분, 칼슘

아미노산과 각종 무기질로 분해되어 김치가 빨리 시어지는 것을 막음.

김치에 부족한 단백질 성분이 됨.

고춧가루

성분 젖산균이 잘 자라도록 돕는 캡사이신, 카로틴, 비타민 C

·젓갈의 비린내를 없애고, 김치의 색과 맛을 냄.

·단맛과 독특한 향으로 김치의 맛을 돋우고 채소가 쉽게 물러지는 것을 막음.

·삭은 맛과 채소의 신선한 질감을 유지함.

·캡사이신은 우리 체내의 항산화 작용을 하는 사이토그롬 P450의 활성을 도와 노화 방지.

마늘과 생강

성분 향균력이 뛰어난 알리신과 항암 성분

김치의 독특한 맛을 이루고, 나쁜 세균들이 생기지 않게 함.

항아리에 든 김치를 돌로 눌러둠

김치 속 소금이 채소 속 즙이 빠르게 빠져나오게 하고, 공기와 닿는 것을 막아 채소가 뭉크러지지 않게 함.